Musculatura da Alma

Musculatura da Alma

Max Tovar

33 práticas para alinhar
corpo, mente e espírito

1ª edição

BestSeller

Rio de Janeiro | 2025

DESIGN DE CAPA
Juliana Missumi

IMAGEM DE CAPA
Amanda Mol (sobre ilustração original de Anna Nahass)

PROJETO DE MIOLO
Illustrarte Design

ILUSTRAÇÃO DAS MANDALAS DE MIOLO
Tiago Vittore

CIP-BRASIL. CATALOGAÇÃO NA PUBLICAÇÃO
SINDICATO NACIONAL DOS EDITORES DE LIVROS, RJ

T671m

Tovar, Max
Musculatura da alma : 33 práticas para alinhar corpo, mente e espírito / Max Tovar. - 1. ed. - Rio de Janeiro : BestSeller, 2025.

ISBN 978-65-5712-489-5

1. Autoconsciência. 2. Teoria do autoconhecimento. 3. Autorrealização. I. Título.

25-97632.1 CDD: 158.1
CDU: 159.947.2

Gabriela Faray Ferreira Lopes - Bibliotecária - CRB-7/6643

Texto revisado segundo o novo Acordo Ortográfico da Língua Portuguesa.

Direitos exclusivos de publicação em língua portuguesa para o mundo adquiridos pela
Editora Best Seller Ltda.
Rua Argentina, 171, parte, São Cristóvão
Rio de Janeiro, RJ - 20921-380
que se reserva a propriedade literária desta obra.

Impresso no Brasil

ISBN 978-65-5712-489-5

Seja um leitor preferencial Record.
Cadastre-se e receba informações sobre nossos lançamentos e nossas promoções.

Atendimento e venda direta ao leitor:
sac@record.com.br

Aos buscadores incansáveis da
essência e do propósito verdadeiro,
dedico este livro com o coração
aberto e cheio de esperança.

À minha família,
que experimentou comigo
os impactos de minha jornada,
ofereço toda a minha gratidão.
Nunca é sobre mim, é sobre todos nós.
Com eles e por eles, avancei neste
caminho de autoamor.

SUMÁRIO

PREFÁCIO, por Larissa Machado (Anitta) 9

APRESENTAÇÃO 13

PRIMEIRO PASSO: Esforço gera atrito 19

SEGUNDO PASSO: Vícios e virtudes 25

TERCEIRO PASSO: Autocuidado e autoacolhimento 33

QUARTO PASSO: Ser suficiente 39

QUINTO PASSO: Autoaceitação 47

SEXTO PASSO: A vida faz sentido 55

SÉTIMO PASSO: E se o mundo acabasse amanhã? 63

OITAVO PASSO: Deus e eu somos um 69

NONO PASSO: Eu ganho ou aprendo 75

DÉCIMO PASSO: Compromisso 81

DÉCIMO PRIMEIRO PASSO: Acordo — acordes do coração 87

DÉCIMO SEGUNDO PASSO: Respeito 93

DÉCIMO TERCEIRO PASSO: O inimigo nos vence quando... 99

DÉCIMO QUARTO PASSO: Fazer o que está ao seu alcance (espaço sagrado) 107

DÉCIMO QUINTO PASSO: Autogestão 113

DÉCIMO SEXTO PASSO: O código 119
DÉCIMO SÉTIMO PASSO: Julgamento 125
DÉCIMO OITAVO PASSO: Alquimista de si mesmo 131
DÉCIMO NONO PASSO: Do cobre ao ouro 137
VIGÉSIMO PASSO: Recaída 143
VIGÉSIMO PRIMEIRO PASSO: A lente 149
VIGÉSIMO SEGUNDO PASSO: Escolhas 155
VIGÉSIMO TERCEIRO PASSO: O poder da intenção 161
VIGÉSIMO QUARTO PASSO: Alinhamento chave: Eu e Ego 167
VIGÉSIMO QUINTO PASSO: Desfrutar 173
VIGÉSIMO SEXTO PASSO: Preciso & precioso 179
VIGÉSIMO SÉTIMO PASSO: Nutrição 185
VIGÉSIMO OITAVO PASSO: Humildade 193
VIGÉSIMO NONO PASSO: O servir e o serviço 199
TRIGÉSIMO PASSO: Gratidão 205
TRIGÉSIMO PRIMEIRO PASSO: Jejum 211
TRIGÉSIMO SEGUNDO PASSO: Autorrealização 219
TRIGÉSIMO TERCEIRO PASSO: Devoção e vocação 225

CONCLUSÃO: Fortalecendo a musculatura da alma 233
MANDALAS PARA COLORIR 235
AGRADECIMENTOS 251

PREFÁCIO

O autoconhecimento é uma escolha corajosa que fazemos. Costumo dizer que me sinto numa montanha-russa, descobrindo altos e baixos de mim mesma. Nesse processo, às vezes sinto necessidade de algo que me ajude a relembrar o porquê de minha escolha e a me guiar em direção à cura.

Este livro é um manual prático, objetivo e profundo contendo os ensinamentos a que recorro sempre que preciso de uma luz para guiar meu caminho. Muitas vezes, durante a leitura do manuscrito, eu me senti dentro de minha história, de meus desafios e questionamentos, e encontrei respostas para tantas dores que eu não sabia encarar, nem transformar.

Nos parágrafos que nos conscientizam sobre as armadilhas do ego no processo do autoconhecimento, por exemplo, percebi que podemos nos tornar arrogantes disfarçados de sábios evoluídos. Também ficou evidente para mim que é importante prestar atenção a nós mesmos.

Depois de ler este guia, compreendi que cuidar da alma é como cuidar do corpo. Quem deseja estar em forma e saudável precisa praticar exercícios diariamente, com dedicação, foco e determinação. E o cuidado da alma demanda os mesmos esforços; é um exercício que nunca termina e do qual não podemos fugir. É como respirar. Podemos ter uma respiração pesada, congestionada e afobada, ou podemos respirar com tranquilidade, de maneira consciente e profunda. É questão de escolha e de prática.

Quanto mais treinamos, mais forte se torna nossa musculatura da alma, nossa musculatura espiritual, e a cada dia o processo parece menos difícil, mais fluido, até que, de repente, quando menos esperamos, ele se torna prazeroso e bonito.

Isso não quer dizer que os desafios da vida vão acabar, ou que estaremos sempre felizes. Mas aprendi com este livro que são justamente esses momentos que fazem tudo ser especial; são eles que dão sentido a toda a existência, e é exatamente no processo de redescobrir a si mesmo que encontramos o prazer e a beleza.

Eu, que antes era obcecada por resultados, querendo saber logo o que há do outro lado, agora levo a vida com mais calma, porque sei que, do outro lado, o que há é mais caminho a percorrer. E o que está ao meu alcance é determinar que esse caminho seja gostoso e diferente do que já percorri.

Esta leitura me transformou numa guru de mim mesma, independente e capaz de me autoacolher e de me educar. E agora passo a carregar este livro comigo como um amuleto para consultar toda vez que esquecer onde está minha força. Ele me ajuda a retomar o controle da minha vida. Escolher uma página e ler um trecho às vezes funciona como aquele cochilo de quinze minutos que tiramos à tarde para recarregar as energias e voltar com tudo para a ativa.

Alguns dos relatos pessoais neste livro me fizeram repensar minhas próprias atitudes na vida. No Capítulo 28, o tema da arrogância e a experiência pessoal da Max com o marido me fizeram refletir sobre quantas vezes estive nessa posição, buscando cúmplices da minha mudança, testemunhas da dificuldade que eu estava enfrentando para transmutar minhas sombras com a justificativa de "querer o melhor para essa pessoa também". O melhor do ponto de vista de quem? Do meu?

Me vi na armadilha da arrogância de quem apenas começava um caminho, mas se acreditava superior por conta de alguns flashes de iluminação da consciência. Admitir isso para mim mesma foi muito necessário, pois somente a partir daí consegui colocar em prática o exercício de amar o outro pelo que ele é, e não pelas mudanças que está disposto a fazer até ficar da minha maneira. Desde que li esse capítulo, criei um alerta dentro de mim, para sempre disparar diante dos sinais de arrogância. Aprendi a não julgar a fase da vida em que cada um se encontra, pois esse julgamento só voltava para mim em forma de cobrança, culpa e vergonha do passado. Como se quando julgasse o outro pelas atitudes que um dia foram minhas, eu tivesse o perdão divino por demonstrar vergonha das minhas ações. Mais uma armadilha para continuar me punindo.

Percebi o quanto estava enraizada em mim a ideia de um Deus que pune, de um homem observador e juiz de todos nós, do qual eu deveria ter medo. Quantas emoções negativas a ideia desse divino julgador me trouxeram. O Capítulo 8 me ajudou a enxergar isso de maneira leve e objetiva.

Uma parte do livro (que eu chamo de manual) fez muita diferença no dia a dia pois pude recorrer à escrita, a desenhos, e a áudios para meditação guiada e acredito que vá fazer para você também. Esses estímulos trabalham áreas diferentes do cérebro e acabaram surtindo um efeito significativo na minha rotina.

As meditações foram feitas em conjunto, por mim e Max Tovar, pensando especialmente nas pessoas que, assim como eu, sempre tiveram muita dificuldade em meditar. Com os QR Codes para as meditações guiadas, você vai encontrar uma forma mais dinâmica de mergulhar em si mesmo e acalmar o corpo e a mente. Falando de forma prática, as músicas que você ouvirá no fundo das meditações te ajudarão a encontrar este lugar de relaxamento, presente e consciente, tão importante para essa atividade.

Quanto à escrita, percebi ao longo desses anos em busca de equilíbrio que não nos damos conta tão facilmente do quanto evoluímos dia após dia. Ninguém melhor do que você mesmo para te dizer o quanto sua evolução é real. Voltar nas anotações de tempos atrás e ler seus pensamentos de antes, frente aos de hoje, fazem você ver com clareza cada passo adiante que foi dado. Além do que, pensamentos soltos na mente deixam de ser uma bagunça quando você escreve aqueles que te chamam mais atenção ou te perturbam. Quando você escreve, dá a si mesmo uma oportunidade de se avaliar e organizar aquilo que precisa ser revisto.

* * *

De todas as lições deste livro, talvez a mais marcante possa ser a de que todos somos igualmente especiais no mundo. Até mesmo a merda que enxergamos como ruim pode vir a ser o alimento principal das maiores belezas que enxergamos superficialmente. Num mundo cada dia mais guiado pelas aparências, muitas vezes nos esquecemos do protagonismo daqueles que não estão nos holofotes, mas sem cuja existência não existiria energia para ligar as tomadas que acendem o outdoor para cada foto. Esquecemos da importância de cada momento doloroso em nossas vidas, que serviu exatamente para que pudéssemos aprender e nos tornar aquilo de que nos orgulhamos hoje.

Percorrendo o caminho da Max, percebi que não estamos sozinhos. Todos passamos por desafios na vida, que não são mais fáceis nem mais difíceis para ninguém; estamos todos conectados, por isso as respostas sempre estarão dentro de nós mesmos.

Larissa Machado
(Anitta)

APRESENTAÇÃO

"Eu sirvo ao mistério divino em meu processo de humanização e autorrealização; sirvo com viço à Mãe Terra para colaborar com a evolução planetária."

Escrevi *Musculatura da alma* visando oferecer aos leitores uma profunda reflexão interior que fortaleça o propósito da vida. Partindo de meditações guiadas, é possível acessar internamente lugares que nos permitam viver com mais vigor e estar mais conectados com a nossa verdadeira natureza espiritual.

Minha intenção é apresentar pílulas de conhecimento para despertar a sabedoria por meio das vivências e experiências que tive, e assim ativar códigos mentais que estimulem a busca por desenvolvimento pessoal. Com reflexões, exercícios, práticas e meditações, o leitor terá a seu lado um manual com 33 passos para criar uma musculatura espiritual e, assim, iluminar seu interior, para que possa se manter alinhado e coerente com seu coração.

Os treinos diários desencadeiam ações intuitivas que propiciam desenvolver a musculatura que sustenta nossa espiritualidade. Muitas vezes nos vemos presos a ciclos repetitivos e não lutamos para seguir em frente quando confrontados com recaídas e fracassos que nos impedem de atingir o objetivo desejado.

Os conhecimentos que você vai adquirir neste livro o ajudarão a ativar códigos mentais que despertarão sentidos internos capazes de gerar estímulos e de promover a continuidade de nossa evolução humana e espiritual.

Nesta nossa conversa, dois assuntos estarão sempre presentes:

- O conhecido deve avançar em direção ao desconhecido;
- O conhecimento deve transformar a vida do conhecedor a fim de transbordar para todos os lados, numa frequência de abundância e luz.

Essas afirmações farão sentido para você conforme for incorporando ao seu cotidiano as práticas que aprender ao longo da leitura.

Resumo esses propósitos num mantra: "Eu sirvo ao mistério divino no meu processo de humanização e autorrealização; sirvo com viço à Mãe Terra para colaborar com a evolução planetária."

A graça divina está no caminho da autorrealização. Ela é atingida por aquele que se esforça no caminho da evolução e, ininterruptamente, mantém o coração alinhado com a verdade interna e com o divino; por aquele que nunca duvida de que faz parte do todo e de que o todo faz parte de si. Nós somos Deus, e sermos capazes de nos ver como Deus é a graça divina em si.

A busca pela excelência pessoal e atuação no mundo é uma jornada complexa e multifacetada, envolvendo não só o desenvolvimento intelectual e físico, mas também o espiritual e emocional. Um elemento crucial nesse desenvolvimento é a neuroplasticidade, que se refere à capacidade do cérebro de se reorganizar formando novas conexões neuronais em resposta a experiências, aprendizados e práticas.

Este livro serve como um manual prático que direciona indivíduos por meio de exercícios específicos e pode ser uma ferramenta poderosa para cultivar habilidades extraordinárias, criando uma musculatura forte ao promover um alinhamento integral entre corpo, mente e espírito.

O guia é dividido em cinco ações distintas, cada uma dirigida a uma área específica do desenvolvimento humano, estabelecendo um equilíbrio holístico. Essas áreas incluem o nosso cognitivo — exercícios que desafiam o raciocínio lógico e a memória; o emocional — práticas voltadas para o reconhecimento e a gestão das emoções; o físico – atividades físicas que promovem a saúde do corpo e a consciência corporal; o espiritual – exercícios de meditação e introspecção para a conexão interna; e o criativo – tarefas que estimulam a inovação e a expressão artística.

Todo capítulo começa com uma aula que introduz a fase e prepara o indivíduo para a prática reflexiva e experiencial subsequente. São 33 capítulos e eles são análogos a cada uma das 33 vértebras da nossa coluna, simbolizando o suporte estrutural e a conexão central entre os diversos aspectos do ser. Este alinhamento é visto como essencial para fortalecer a "musculatura espiritual" e garantir que o indivíduo esteja preparado para evoluir pessoalmente e atuar de forma eficaz no mundo.

Após cada capítulo, o leitor encontrará perguntas que o convidam à reflexão, projetadas para ativar o lado esquerdo do cérebro, promovendo o pensamento analítico e crítico. Elas incentivam o indivíduo a refletir profundamente sobre os temas abordados, ampliando a compreensão e a habilidade de autoavaliação.

Em seguida, proponho um exercício visual que envolve um desenho, permitindo a ativação do lado direito do cérebro, que é frequentemente associado à criatividade e à intuição.

Além disso, ao fim dessas atividades, disponibilizo um QR code que encaminhará o leitor para os áudios de 33 meditações guiadas referentes aos 33 capítulos. Essa prática vai facilitar um trabalho profundo em transe, abrir novas vias de autoconhecimento e audição interna, permitindo um mergulho eficaz na própria consciência, além de relaxar e promover a introspecção e expressão pessoal.

Ao fim do livro, o leitor tem ainda acesso a oito mandalas para colorir, uma atividade que trabalha tanto a criação quanto a observação, ajudando a promover a introspecção e expressão pessoal e estados meditativos por meio da arte.

Esse tipo de abordagem integrada busca desenvolver um indivíduo completo, pois convida o praticante a explorar o potencial inativo de maneira consciente, proporcionando uma maior capacidade de adaptação e inovação, elemento essencial na filosofia da mente expandida e na psicologia positiva. Ao alinhar a prática diária com princípios de neuroplasticidade, este manual não só vai aprimorar a habilidade prática, mas também vai promover um profundo crescimento pessoal, solidificando a base para uma vida de excelência extraordinária. Ao fortalecer a "musculatura espiritual" e promover a neuroplasticidade, ele prepara o caminho para uma vida de excelência e evolução contínua no complexo cenário do mundo moderno.

O MÉTODO DOS 33 PASSOS PARA ALINHAR SUA COLUNA E DESENVOLVER SUA MUSCULATURA ESPIRITUAL

Imagine se conectar com a força interior da sua coluna vertebral, uma estrutura que não apenas sustenta seu corpo, mas simboliza seu caminho de crescimento e evolução espiritual. Assim como cada vértebra desempenha um papel crucial, cada um dos 33 passos do método descrito neste livro é projetado para despertar e fortalecer facetas específicas de sua "musculatura espiritual".

DO SACRO À CERVICAL: UMA JORNADA DE DESCOBERTA INTERNA

Cada vértebra da coluna funciona como uma metáfora para etapas necessárias na jornada do autodescobrimento e da autogestão. Este livro convida você a percorrer um caminho profundo, unindo ensinamentos que vão desde as bases de nossa natureza humana às alturas do potencial divino.

IMPORTÂNCIA DO ALINHAMENTO DA COLUNA E SEUS EFEITOS FISIOLÓGICOS E ESPIRITUAIS

O alinhamento da coluna vertebral é essencial não apenas para o bem-estar físico, mas também para a saúde neurológica e espiritual. Neurologicamente, a coluna vertebral desempenha um papel essencial como a via principal pela qual o sistema nervoso central se comunica com o resto do corpo. Um alinhamento adequado permite a condução eficaz de sinais nervosos, influenciando diretamente a coordenação, a sensibilidade e as funções corporais. Cada vértebra está também associada a diferentes chakras — os centros de energia espiritual que governam nosso bem-estar físico, emocional e espiritual. Ao manter a coluna alinhada, asseguramos que a energia vital — ou prana — flua sem obstáculos, o que fortalece não apenas a saúde física, mas também a estabilidade emocional e a clareza mental. A influência positiva desse alinhamento na qualidade de vida é imensa. Desde melhorar a postura física e aliviar dores até aumentar a vitalidade e a paz interior, a prática regular de alinhamento da coluna tem o potencial de transformar vidas, oferecendo uma experiência de vida mais completa e consciente.

CONVITE AO CRESCIMENTO INTERNO E À AUTOGESTÃO

Este método é um convite para que você assuma a liderança da sua jornada espiritual. Ao superar cada estágio, você não apenas vai fortalecer a sua musculatura espiritual, mas também vai ganhar controle sobre a narrativa da sua vida. O alinhamento de sua coluna espiritual é refletido em autossuficiência, pioneirismo nas escolhas e uma experiência plena.

Explore cada vértebra com intenção e propósito, sabendo que este trabalho profundo e transformador não apenas o sustenta fisicamente, mas também enraíza uma consciência espiritual que lhe permite enfrentar desafios com serenidade, graça e poder interior.

Este trabalho é um chamado para aqueles que desejam se reconectar com suas verdades interiores e trilhar o caminho que leva ao viver, para além do sobreviver; um chamado para aqueles que buscam beleza nos momentos fugazes e valor em cada experiência.

Espero que as ideias aqui compartilhadas os inspirem a explorar o desconhecido dentro de si mesmos e a cultivar uma vida rica em significado e plenitude. Que cada página desta obra seja uma chama acesa na escuridão da incerteza, iluminando o caminho da introspecção e do autoconhecimento. E que cada um possa cumprir sua jornada com intensidade e profundidade, realizando as mudanças que deseja concretizar em sua vida.

1

PRIMEIRO PASSO:
Esforço gera atrito

"Quando seu coração aponta a seta diretiva, por algum motivo inexplicável, é nesse lugar que você encontrará a paz."

A busca pelo resultado como forma de prazer leva nossa sociedade ao desejo compulsivo de cruzar a linha de chegada. A ansiedade para concluir depressa o que se está fazendo e para ver o resultado da ação é um obstáculo à nossa evolução. E é um grande engano esperar sempre por mais e mais, por um novo nível, por uma nova necessidade.

Essa expectativa impede que a vida seja vivida no presente e nos mantém na sala de espera do grande show, daquilo que um dia ainda vai acontecer. Então, pensamos que, quando esse dia chegar, seremos felizes. Essa ilusão contagia a maioria das pessoas como uma espécie de transe coletivo, provocando uma corrida insana para chegar a algum lugar, às vezes sem nem saber que lugar é esse.

Mas para quê? Qual o objetivo dessa correria desenfreada? Aquilo que vamos receber ou alcançar vale cada momento perdido no meio do caminho?

"Todos desejam ir para o Céu, mas ninguém deseja morrer." Isso significa que almejamos os louros resultantes do trabalho diário sem o ônus do esforço contínuo. Ninguém quer se desapegar do conforto imediato para gerar uma força capaz de sustentar seu propósito.

Minha sugestão é que a musculatura da alma, a musculatura espiritual a ser criada durante o caminho, seja justamente o caminhar. É no cotidiano, no ato do fazer, que a musculatura é fortalecida. Não é fácil viver os desafios, mas é exatamente nos momentos dolorosos que nossos músculos se formam, por meio da resistência e do esforço continuado.

Encontrar em si mesmo a força necessária para dar cada passo e manter constante o caminhar pode ser mais importante do que alcançar o tão esperado prêmio final.

Isso porque o mais importante é a direção. Quando seu coração aponta a seta diretiva, por algum motivo inexplicável, é nesse lugar que você encontrará a paz.

É preciso entender que o caminho não tem parada: ele continua a cada momento, não importa se é prazeroso, desconfortável ou desafiador. É preciso praticar o exercício do desapego para seguir em frente com a compreensão de que nossa vida encarnada é temporal.

Você quer ir para o Céu? Então, antes, precisará morrer!

Na adolescência eu tinha esse desejo frenético de chegar ao resultado o mais rápido possível, o que gerava muita ansiedade e impaciência. Minha mãe insistia em reclamar da falta de continuidade em minhas ações.

No amadurecer, percebi que tinha, sim, certa inquietação de criatividade que me levava a considerar vários elementos ao mesmo tempo. Então refleti que deveria escolher um caminho no qual pudesse explorar minha genialidade criativa e, ao mesmo tempo, aprofundar a questão em vez de diversificar a energia em várias direções. Percebi que, se escolhesse uma direção que tocasse meu coração, todo o resto se alinharia a esse ponto de interesse.

Isso me tornou especialista em desenvolvimento pessoal, cujo aprimoramento dependeu daquela escolha inicial. Muito diferente de cada dia escolher uma coisa e começar e não terminar é seguir um rumo e se aprofundar nele com coerência e significado. Esse é um tesouro pelo qual vale a pena viver.

Está na caminhada diária nosso maior exercício de desapego para deixar morrer a angústia do resultado e a pressa de chegar. Poderemos celebrar quando deixarmos morrer a preguiça, a dúvida e os questionamentos sobre estarmos ou não no caminho certo. Afinal, qualquer caminho é um bom caminho quando estamos despertos. Somente conscientes podemos alterar a rota quando necessário e manifestar nossos dons, colocando nossa essência a serviço do propósito que temos.

Fazer parte da existência do tecido maior deste mundo é a ideologia de nossa essência. Só quando faço minha parte é que me reconheço como parte integrante de um todo. Refletir é muito bom, mas ficar alimentando um ciclo sem fim de suposições e criando dúvidas por causa das intempéries do caminho rouba a força de nossa ação.

O desafio é saber agir diante dos obstáculos. Então, pergunte a si mesmo: o que preciso deixar morrer para seguir confiante e desfrutar minha jornada? O que preciso deixar morrer para aliviar o peso que torna minha caminhada exaustiva?

TREINE SUA ALMA

Se você quer ir para o céu, então, precisará morrer. Isso significa que o exercício diário durante a caminhada é fundamental para poder criar a musculatura espiritual necessária. Você está disposto a abrir mão de hábitos, pensamentos e sentimentos em prol de algo que realmente deseja em sua vida? Você está pronto para se ver e se sentir vivendo essa nova vida?

De que você está disposto a desapegar para dar espaço a um novo hábito? Que outros novos hábitos você está disposto a inserir diariamente em sua vida? Liste pelo menos três.

Desenhe como será sua nova vida com esses novos hábitos. Crie uma imagem que faça seu coração sentir que essa nova vida já está acontecendo no campo de sua imaginação. Para o exercício ficar completo, imprima um calendário mensal, no qual você anote os dias de prática dos novos hábitos. Deixe o calendário em um lugar visível para que você possa acompanhar seu progresso diário, suas falhas, suas metas e a musculatura que está desenvolvendo.

**Escaneie o QR code abaixo e dê prosseguimento a essa jornada.
Escute a Meditação 1, pensada para expandir
o tema abordado neste capítulo.**

2

SEGUNDO PASSO:
Vícios e virtudes

"Virtude corresponde à conquista e à generosidade. Vício corresponde à falta e à compensação."

O conceito de virtude é cultuado como uma referência na balança de valores que orienta a análise de caráter. Ele se iguala a um produto na prateleira, na posição mais alta, exibido, cobiçado e enaltecido numa sociedade doente pela ilusão das aparências. Examinando esse tema sob uma perspectiva mais tribal, entretanto, virtuoso é aquele que criou musculatura espiritual ao vencer um vício. Se uma pessoa nunca fumou, não sentiu a fúria das toxinas químicas viciantes no corpo e na mente, como pode ser considerada virtuosa por não fumar? Talvez não fume simplesmente por não gostar.

O julgamento moral propagado pelo ideal da sociedade cria muitas patologias. No afã de parecer "bom", o sujeito esconde seus "defeitos", mostrando o que lhe parece mais promissor aos olhos dos julgadores.

Porém, cada um de nós é consciente de nossas lacunas internas. Podemos enganar os outros para receber elogios vazios, mas no fundo não acreditamos na mentira que estamos contando. O que parece uma virtude em público nada mais é que uma farsa, criando uma ilusão hipócrita sobre nós mesmos. Na verdade, trata-se de uma autoimagem absolutamente distorcida.

Virtude corresponde à conquista e à generosidade.

Vício corresponde à falta e à compensação.

Os conceitos de virtude e vício criaram uma realidade que divide as pessoas em virtuosas e viciadas. Esse é um entendimento perigoso, pois não leva em consideração a função pedagógica da vida.

Na perspectiva xamânica, virtuoso é aquele que venceu o vício, não o sujeito puro que nasceu isento deles. Nesse sentido, virtuoso é aquele que se libertou das armadilhas, das faltas (de atenção, de carinho) e das compensações e acessou em si mesmo a conquista e a generosidade. Para tanto, foi indispensável uma jornada interior, que abriu portas, retirou véus ilusórios e permitiu à pessoa mergulhar na profundidade e na verdade de si mesma.

Para falar sobre véus e portas, recorro à minha amada mestra Helena Blavatski, escritora russa cofundadora da Sociedade Teosófica, que dizia: "Todo símbolo é uma casa de sete chaves." Sempre que alguém "abre" um símbolo, acaba descobrindo coisas mais íntimas; à medida que avança, vê coisas que não havia visto, retirando os véus ilusórios e acessando conteúdos cada vez mais profundos. Assim, é possível realizarmos mudanças para alcançar níveis mais viscerais que nos permitem acessar o plano das ideias divinas.

Se olharmos para a vida como aprendizes, compreenderemos as experiências vividas como professores que nos ensinam lições essenciais. Se você tiver ânimo para aprender, aprenderá.

Quer ver as respostas? Verá.

Está disposto a se libertar? Será livre.

Se você quer receber respostas da vida para se abrir a ela, sua atenção vai conectá-lo com os mais elevados entendimentos. E, sempre que perceber os sinais que surgirem em sua jornada, você vai se conectar com a sincronicidade, que é uma espécie de magia lembrando que você saiu da caixa do senso comum e está alinhado com o sutil.

Isso indicará que você não é uma personagem presa nas malhas da repetição, mas está em busca daquilo que é o seu verdadeiro *eu*. Essa será uma conquista justa, provando que você terá vencido o maior de seus inimigos: você mesmo, agora não mais em estado sombrio e assombrado pelos medos e traumas do passado.

Fazer perguntas ajuda a se aprofundar no autoconhecimento:

- O que a vida está querendo me dizer com isso?
- O que posso aprender com essa situação?
- O que me levou a me comportar desse jeito?
- Quem sou eu nessa situação?
- Qual papel estou assumindo aqui?

Quando você aprender a ouvir a si mesmo, as repetições cessarão, e então, você passará para uma próxima fase.

Para adentrar nesse caminho de aprendizado profundo, observe a lista de vícios que desequilibram sua vida e o prendem numa existência miserável, egoísta e solitária. Comece abrindo as portas dos *eus* internos na busca de seu tesouro pessoal. O que estou dizendo é: comece conquistando sua virtude, por meio da superação e da transcendência de seus vícios.

Não tema seus vícios, não se julgue por eles, nem deixe que definam quem você é. Simplesmente reconheça que eles existem e comece, no mundo das ideias, a criar uma nova imagem de você mesmo sem eles. Entenda que tudo tem início no plano mental antes de se manifestar na matéria, e mantenha esse aprendizado em seu coração.

É importante perguntar a si mesmo como seria sua vida se esses vícios se tornassem virtudes. Explore os detalhes das respostas que virão, sinta as emoções envolvidas com esses vícios, perceba seus apelos e gatilhos e só então decida tirar os véus para acessar o que está por trás de cada porta interna.

Você pode sentir que precisa da ajuda de um profissional da área da saúde mental como médicos, psiquiatras ou psicólogos. Leve isso em consideração e não tente fazer tudo sozinho caso não se sinta capaz no momento. Um bom profissional pode ajudá-lo a ver questões que estejam fora de seu alcance de entendimento. Mas, se você se sentir capaz de prosseguir sozinho, faça-o.

Dessa forma você vai criar sua própria realidade, trazendo uma ideia do plano mental para realizá-la na matéria. Criar + ação = CRIAÇÃO

O vício, por sua vez, é indicador de algo que está faltando em sua vida e que você tenta compensar. Talvez a ausência de um pai presente, de uma mãe acolhedora — alguma carência que você ainda não resolveu.

O vício no celular, por exemplo, ataca a maioria das pessoas hoje em dia. Uma reflexão seria: "O que falta em minha vida para que eu fique olhando para o celular, vendo coisas inúteis, e me esqueça de minha própria existência?"

Saindo do domínio do vício para o campo das virtudes, você conhecerá em seu coração o caminho do verdadeiro guerreiro, ou seja, daquele que vence a si mesmo.

Existe esperança quando vemos o mundo cheio de viciados, porque podemos imaginar igualmente um mundo repleto de pessoas virtuosas. Isso nos traz certo alívio ao coração e nos motiva a contribuir para que as pessoas transformem seus vícios em virtudes. No meu caso, eu me dedico a escrever, a gravar cursos, a preparar treinamentos e a oferecer caminhos para aqueles que querem se transformar. Isso possibilita que cada um possa fazer suas escolhas — sempre lembrando que qualquer caminho é o caminho certo para os diferentes momentos que vivemos.

O vício em cigarro me pegou quando eu era muito jovem.

Viciada por mais de 38 anos, fui completamente dependente. Durante anos tentei parar, mas sempre tinha recaídas, pois no fundo amava fumar e, embora tivesse vários motivos para largar o vício, algo ainda me prendia àquele lugar e eu parecia muito vulnerável a essa influência.

Em um trabalho energético em San Martín de los Andes, na Argentina, visitei um castelo de cristais numa jornada astral aonde fui encaminhada para me libertar do cigarro. Lá, fui conduzida ao banco de memórias antigas, onde as emoções faziam a ligação ao fato, gerando o desejo. Descobri, então, que ainda não tinha conseguido parar de fumar por causa da minha família. Eu me sentia tão diferente deles que para me sentir parte do grupo, eu fumava.

Assim que acessei essa informação profunda, fiz outras conexões de vínculos de pertencimento, num lugar mais saudável em meu coração, e assim se desligou completamente o domínio do vício sobre mim. Naquele momento, acessei uma sabedoria profunda: a maior das minhas virtudes estava em superar a mim mesma.

Meu convite é que você crie uma musculatura potente a fim de que a virtude possa se manifestar. Mas você precisa enfrentar, conhecer, vencer, superar, transformar seus vícios com pequenos golpes diários e, depois, celebrar cada conquista. Cada prática de autoconhecimento a que você se dedica é capaz de desenvolver essa musculatura espiritual. Essas práticas abrem espaço para aumentar sua autoconfiança e vencer seus inimigos em direção a seu verdadeiro *eu*.

É importante estar consciente dos lugares de superação que envolvem a autoaceitação, o reconhecimento de si mesmo e o autoacolhimento interno. Não há como realizar sua transição sem um abraço interno, que permitirá fortalecer o músculo do autocuidado.

TREINE SUA ALMA

Nossa sociedade muitas vezes define virtude como a ausência de vícios visíveis, mas a verdadeira virtude nasce do enfrentamento e da superação dos próprios vícios, e não da mera aparência de perfeição. Quando enfrentamos e transformamos nossos vícios, abrimos portas internas que nos conectam com nosso verdadeiro *eu*, permitindo que nossa essência floresça com autenticidade e força. Essa jornada de autoconhecimento e autoaceitação nos conduz ao crescimento espiritual, construindo uma vida que reflete nossos valores mais profundos.

Que vícios ou hábitos limitantes você reconhece em si mesmo e está disposto a transformar em virtudes para acessar seu eu mais verdadeiro?

Desenhe uma representação de si mesmo no futuro, um estado em que os vícios foram superados e transformados em virtudes. Visualize como você se sentirá e como as pessoas ao seu redor se beneficiarão dessa transformação. Que emoções e realizações surgem nessa imagem?

Escaneie o QR code abaixo e dê prosseguimento a essa jornada. Escute a Meditação 2, pensada para expandir o tema abordado neste capítulo.

3

TERCEIRO PASSO:
Autocuidado e autoacolhimento

"Esse tesouro ninguém poderá roubar de você, e vai deixá-lo cada vez mais rico."

Para criar uma musculatura espiritual que sustente sua verdade interior, a ação deve ser constante. Também é preciso assumir um compromisso consigo mesmo. Carregamos memórias de nossa história infantil, que se transformaram em crenças limitantes sobre nossa própria imagem. Talvez não tenhamos percebido a satisfação de nossos pais com nosso desempenho e nos sintamos desestimulados a ser espontâneos. Todo esse processo pode ter começado dentro de nós, desde nossa gestação — até mesmo no momento da fecundação. Talvez sejam memórias tão remotas que, sem sabermos, se transformaram em gatilhos que disparam emoções capazes de nos levar a ações impensadas. Também podem ser apenas impulsos desconhecidos inconscientes movendo nossos sentimentos e nos fazendo agir de maneira incompreensível. Quando analisarmos esses fatores a fundo, porém, estaremos respondendo às dores colocadas na base da construção de nosso ser.

Tudo isso pode facilmente nos levar a um lugar de não aceitação de quem somos e causar uma decepção interna, um sentimento de incapacidade, de não pertencimento e de falta de amor. Muitos podem ser

os motivos para isso, mas pouco importa, na verdade. Hoje você é um adulto, e essas memórias representam o que podemos chamar de "criança interior".

Na infância, minha referência de cuidado e acolhimento era uma mistura de prazer, dor e constrangimento. A imagem mais acolhedora que tenho em relação à minha mãe era de quando ela ia catar piolho e me deitava em seu colo. Nesses momentos eu podia sentir seu cheiro e seu calor, o que parecia algo muito agradável: um quentinho gostoso e um arrepio quando ela passava a mão na minha cabeça.

No entanto, quando ela achava um piolho, batia na minha cabeça com a escova de cabelo, aquelas de madeira e com cerdas bem duras.

Por causa disso ela sempre mantinha meu cabelo, anelado e cheio de cachos, bem curtinho e o amaldiçoava enquanto o penteava.

Não sei dizer o que de fato aconteceu, mas durante anos o cabelo foi um trauma na minha vida; nele, muitas dores foram ancoradas.

Quando fiz minha libertação dos traumas infantis, um deles alude ao poder de me autoacolher.

O processo de cura foi uma jornada muito profunda; evoquei a cura daquela experiência e a da minha identidade. Passei por um período no qual tive diversos cortes de cabelo, de todos os tipos possíveis, mudando minha imagem de tempos em tempos.

Pude ver, então, que a imagem é o ponto de julgamento do outro. Tive cabelo liso, raspado e colorido. Mantive os fios louros durante alguns meses, e essa foi a imagem que mais agradou a todos. Eu ouvia: "Fique assim, você está linda." Mas era justamente quando eu me sentia mais longe de mim.

Foi assim que aceitei o fato de que nunca iria agradar a todos; essa era uma missão impossível. Então eu mesma fiz meu berço, raspei a cabeça num ritual muito lindo no Rio de Janeiro, e as cinzas do cabelo louro, tão apreciado, entreguei num ritual para a natureza, com a promessa de nunca mais trair a mim mesma para agradar aos demais.

Quando quebrei aquela imagem falsa de mim mesma, me vi como a mulher mais linda do mundo. Foi um renascimento incrível, e ali aprendi a cuidar de mim, a me acolher, a dar aquele colo quentinho e necessário para minha criança interior.

Dedicar um tempo ao cuidado interno é fundamental para a criação da musculatura espiritual. Muito do que você não recebeu quando era criança poderá conseguir agora, depois de crescido. Mas é um pouquinho a cada dia. Superando cada ação insatisfatória, cada falha, cada desilusão, é possível desenvolver a musculatura espiritual. Sempre que exercita o autoperdão e o autocuidado você está tratando sua criança interior.

Um adulto que cria sua musculatura espiritual é maduro emocionalmente e dotado de uma estrutura interna confiante, amorosa e poderosa. Esse tesouro ninguém poderá roubar de você, e vai deixá-lo cada vez mais rico.

TREINE SUA ALMA

Cuidar de nossa criança interior é um passo essencial para construir uma base sólida de autoconfiança e amor-próprio. Muitas de nossas inseguranças e crenças limitantes vêm de memórias antigas, mas o processo de autocuidado e autoperdão nos permite reescrever essas histórias. Quando nos acolhemos com gentileza, fortalecemos nossa musculatura espiritual, criando uma estrutura interna que sustenta nossa verdade e nos permite viver de maneira autêntica e livre.

Que atitudes você pode cultivar para cuidar e acolher sua criança interior, fortalecendo sua autoconfiança e seu amor-próprio no presente?

Desenhe uma representação de si mesmo no futuro, na qual sua criança interior se sente acolhida e segura. Imagine como essa versão de você se sente após ter construído uma base sólida de autocuidado e amor-próprio. Que emoções e realizações essa imagem evoca?

Escaneie o QR code abaixo e dê prosseguimento a essa jornada. Escute a Meditação 3, pensada para expandir o tema abordado neste capítulo.

4

QUARTO PASSO: Ser suficiente

"É preciso que cada um seja
generoso consigo mesmo para
criar um ambiente seguro,
que traga à tona elementos
repletos de emoções."

É muito fácil olhar para o mundo e julgar os dramas alheios, sejam os que afetam o plano pessoal ou o global. No entanto, quando pensamos em nossa história como humanidade, podemos questionar: será que realmente nos humanizamos? O projeto humano deu certo? Ou somos apenas mais uma civilização a se autodestruir como outras que já existiram? Lidar com a sensação de impotência é um exercício para a musculatura espiritual, porque essa percepção nos leva a um limbo no qual somos colocados em xeque, prestes a entregar os pontos, incapazes e deprimidos. Muitas vezes a dor é tão grande que precisamos nos anestesiar comendo, bebendo, usando drogas, comprando, trabalhando, enfiando a cara no celular, entre tantas outras formas de escapar da realidade. Esses mecanismos de defesa nos impedem de sucumbirmos a ameaças e perigos por não sabermos lidar com tantos elementos que estão fora de nosso controle. A sensação de incapacidade começa no coração, alvo da cobiça do lado sombrio da força para que nos percamos no caminho e fiquemos presos à ideia de limitação.

É verdade que um fio de cabelo pode ser facilmente arrebentado, mas também é certo que uma cabeleira com muitos fios oferece uma resistência bem maior. A famosa frase "a união faz a força" faz muito sentido. No entanto, fazer a união acontecer de fato é desafiador demais, porque é preciso que exista um maestro para orquestrá-la. Esse papel de regência cabe a nosso coração, que faz a gestão de todos os recursos que temos disponíveis.

O primeiro exercício que temos a realizar para atingir o campo da união é reunir nossas diferentes partes para encontrar a unidade e nosso poder de indivíduos dotados de livre-arbítrio. Existem partes nossas que foram se isolando ao longo de nossa jornada de construção pessoal e que são como pequenas ilhas incomunicáveis. Elas estão isoladas por não se conhecerem e, como não somos ensinados a lidar com as dores, abandonamos pedaços ao longo do caminho de nosso desenvolvimento.

Essas partes esquecidas, isoladas, anestesiadas ou congeladas deixam um buraco muito grande, que configura o isolamento de nós mesmos. Assim, a primeira coisa que podemos fazer é reconhecer nossas partes, resgatá-las e curá-las em nosso ser para que possamos ser inteiros de verdade. Isso está ao nosso alcance: podemos empoderar nosso coração e assumir nossa autorresponsabilidade.

Cada um de nós pode mensurar seu tamanho, numa visão construtivista de si mesmo, quando se reconhece como ser único, genuíno, que faz parte de um todo. Quando alguém olha para as diferentes partes de si, algo acontece. Mas é importante dar tempo e espaço para esse processo acontecer. Precisamos da delicadeza do tempo para ter paciência e, assim, cautelosamente, avançar neste desconhecido universo.

É preciso que cada um seja generoso consigo mesmo para criar um ambiente seguro, que traga à tona elementos repletos de emoções, retirando as barreiras criadas para se autoproteger. É ilusão achar que podemos derrubar esses obstáculos usando força e agressividade. Ao contrário, usando esses recursos, de cada barreira derrubada nasceriam outras duas. Por isso, é importante aceitar que os obstáculos foram criados com boa intenção, mesmo que pelos motivos incorretos ou por dores mal elaboradas; para derrubá-los, será preciso usar a mesma boa intenção, a mesma frequência: o amor. Diga a si mesmo: "Por amor, criei barreiras para me proteger; por amor, retiro essas barreiras para me conhecer."

Para reconhecer meu tamanho, é fundamental demarcar o espaço em torno de mim, o que significa me dar tempo e me contemplar com um olhar generoso para sentir e descobrir a mim mesmo. É preciso ocupar o espaço sagrado que está destinado a você, porque, assim, tudo a sua volta será sagrado. Desse modo, nossas ações, nossas palavras e nossos sentimentos se multiplicarão na matriz divina e, através de fios invisíveis, viajarão tocando outras matrizes imersas no grande tecido existencial.

Certa vez, acometida por pensamentos e sentimentos negativos, embrulhada dentro de mim mesma, com a sensibilidade à flor da pele, presa entre a desesperança e a inutilidade, senti chegar perto de mim um de meus anjos, que tocou meu coração dizendo: "Alivie sua amargura, desapegue-se dela e saia deste lugar." E eu respondi: "Eu me sinto tão pequena, um grão de areia nesta vastidão. Tenho muito a fazer, mas não me sinto capaz de ser útil. Sou insignificante." O anjo, então, sabiamente retrucou: "Lembre-se de que um grão de areia no olho pode fazer um grande estrago." O tom dessa fala entrou em meu coração e ali permaneceu ressoando.

Isso me fez refletir e chegar à conclusão de que não importa o nosso tamanho, sempre podemos fazer algo. Desistir de fazer por se achar pequeno e insignificante é uma covardia, uma visão derrotista de nós mesmos e que invalida o próprio sentido da vida.

Mas qual seria esse sentido? O sentido estaria em nos lembrarmos de que somos um, de que estamos conectados? Sair das teias das ilusões separatistas? Evoluir como seres humanos? O que eu posso fazer?

Todas essas perguntas invadiam meu ser, e a resposta veio como um bálsamo, soprada em meus ouvidos internos:

Vá além da sobrevivência, VIVA intensamente, seja na dor ou na alegria, na satisfação ou na ilusão.

Viva na grandeza de uma existência plena de sentir, confiante no fluxo da própria vida.

Viva todos os ciclos com o melhor que cada um pode lhe oferecer.

Seja uma aprendiz nesta jornada e veja o milagre acontecer. Nada pode lhe fazer mal, a não ser você mesmo. Então, seja o agente, e não mais a vítima ou o reagente de feridas mal resolvidas. Vá na direção das feridas, aprenda com elas, humanize-se a partir das experiências e supere o próprio ego vaidoso e egocêntrico. Abrace-o generosamente e o convide para andar a seu lado neste caminho que é o viver!

Eu posso fazer muito. E você, está convencido de que é grande a ponto de fazer o bastante? Ou ainda está preso às teias da ilusão da separação e do isolamento de si mesmo?

Mesmo que ainda se sinta preso, encare este relato como um impulso para dar o próximo passo. Aceite-se, porque a autoaceitação é tudo. Repita dentro de si: "Mesmo pequeno como um grão de areia na imensidão do universo, posso fazer muito, posso fazer tudo o que está a meu alcance."

TREINE SUA ALMA

Às vezes nos sentimos pequenos e insignificantes diante da vastidão do universo e dos desafios que nos cercam. Mas, se um grão de areia pode ser pequeno e mesmo assim exercer um grande impacto, cada um de nós tem a capacidade de fazer a diferença. A chave está em reconhecer nossas barreiras internas, abraçar nossas feridas com compaixão e avançar com a certeza de que nossa presença e nossas ações, por menores que pareçam, são valiosas e necessárias.

Que pequenas ações você pode começar a implementar hoje para sentir que está fazendo a diferença, mesmo que pareçam grãos de areia?

Pequenas ações fazem a diferença, pois elas revelam na prática a sua intenção, que na maioria das vezes podem vir do inconsciente e você pode não fazer a menor ideia de como funciona. Para isso vou te conduzir a uma prática para expandir a sua percepção de si mesmo:

Observe as mais variadas áreas de sua vida, seja profissional, familiar, etc. e pense se você tem adotado uma postura de protagonista ou de coadjuvante perante elas. Liste as áreas em que se observou coadjuvante e escreva o que você pode fazer para mudar isso. Para lhe auxiliar, faça um exercício de projeção na sua mente por uma semana consecutiva, antes de dormir, visualizando-se atuando como protagonista determinada e consciente em cada uma das áreas listadas.

Desenhe uma representação de si mesmo pequeno como um grão de areia, mas irradiando uma influência positiva e significativa ao seu redor. Visualize suas ações, por menores que sejam, gerando um impacto positivo, tocando e transformando as pessoas e o mundo ao seu redor.

Escaneie o QR code abaixo e dê prosseguimento a essa jornada.
Escute a Meditação 4, pensada para expandir
o tema abordado neste capítulo.

5

QUINTO PASSO:
Autoaceitação

"Nossa aventura nesta dimensão existencial começa a ser mensurada desde o clima que antecede nossa fecundação."

"Sou pequeno, sou inútil, sou feio, não mereço ser amado, não vou conseguir, não nasci para ser feliz." Por aí vão os lamentos que reproduzimos. Nem sempre nossa mente consegue acessar a verdadeira aceitação. E o que isso significa? Que a sensação de não pertencimento e não valorização vem de um lugar escuro dentro de nós, no qual estão os primeiros registros de nossa existência aqui na Terra.

Acredito que trazemos conosco uma essência divina com muitas informações e desafios para validar nosso esforço pessoal rumo à transcendência. Acredito que escolhemos nossa família, com a qual vamos participar da rede de desenvolvimento sistêmico. Não se trata só de uma pessoa, mas de uma rede inteira. Porém, o esquecimento das vivências de outras vidas e experiências prévias de nossa existência no plano divino se torna indispensável para vivermos a experiência aqui na Terra de maneira inteira e integrada. Assim poderemos aprender com todos os sentidos humanos.

Recebendo informações de todas as vias, por meio dos sentidos, vamos fazendo o exercício de aprendizado segundo nossas lentes pessoais.

Duas pessoas passando pela mesma situação podem absorver a experiência com diferentes aprendizados. Isso significa que a leitura é única e pessoal e retrata o desafio de cada um.

Nossa aventura nesta dimensão existencial começa a ser mensurada desde o clima que antecede nossa fecundação. Da mesma forma, os elementos que a compõem, como as informações advindas do esperma e do óvulo e a qualidade do útero, também atuam nesse processo. Tudo aquilo que os pais sentiram, comeram e viveram fica registrado em cada célula do corpo do novo ser e em todos os campos que lhes são correspondentes — as energias, o astral, as emoções e a mente, tudo alinhado com o mesmo sentimento.

Os aprendizados absorvidos nesta jornada trazem elementos para serem descobertos e para, com discernimento, serem avaliados: são elevados ou limitantes para a evolução individual? Os aprendizados que nos limitam ao longo da vida acabam sendo recapturados dia após dia até que uma nova intervenção seja feita por meio da consciência do próprio indivíduo.

Um exemplo, para ficar evidente: quando no contexto da fecundação houve rejeição — seja por parte da mãe ou do pai —, essas memórias de não aceitação são assimiladas, de maneira profunda, pelas células em formação da nova vida. As energias que permeavam aquele momento, como a vibração dos pais na frequência da rejeição, atraem energias de não aceitação. Essas memórias ficam armazenadas no corpo físico e na formação do corpo mental, que desenvolve um pensamento resultante desse aprendizado. Ou seja: "Aprendi naquele momento que não sou bem-vindo, que não sou querido, que não sou amado."

Esses pensamentos se transformam em crenças que vão comandar as percepções e raciocínio da pessoa. E as crenças serão afirmadas ao longo da vida, em tantas situações que acontecerão ao seu redor. É preciso que o novo aconteça para se sobrepor às impressões negativas geradas na fecundação. "Aprendi que não tenho valor porque meus pais não me quiseram, mas esse sentimento será o mestre para orquestrar uma nova vida para mim, que me permitirá criar cenários e atrair atores para desempenhar um papel que transforme todas essas emoções."

O indivíduo terá uma ideia equivocada sobre si mesmo a partir da não aceitação e passará a se desprezar, acumulando mais e mais traumas a fim de confirmar a primeira impressão de abandono e rejeição que ficou registrada. A verdade é que quando somos crianças não podemos evitar esses traumas, mas, depois de adultos, podemos evoluir e assumir um lugar diferente para refazer o caminho que nos conduzirá à autoaceitação.

A única saída possível é reconsiderar o seu lugar nessa história e se desidentificar de sua personagem. "Quem sou EU?" Essa é a pergunta que você deve se fazer o tempo todo. E também: "EU sou o corpo ou sou o EU, aquele que dá vida ao corpo?"

Quando mudo a vibração, minha consciência se expande para além do corpo, transcendendo os traumas carregados desde o nascimento. Esse é o caminho da autoaceitação, sempre partindo da ideia de que EU sou um ser espiritual que escolheu fazer parte de determinada família, neste plano, para superar minhas limitações. Para vencer esses desafios, é preciso exercitar a superação, que resultará na construção de um caráter forte, verdadeiro e real. Encontrar a autoaceitação significa que eu aceito ser imortal e viver uma vida corporal finita, que me desapego das dores antigas e vejo nelas o caminho para minha própria evolução.

Minha mãe desistiu de se casar um mês antes da data, devido à firme convicção de que não era o que ela queria. No entanto, naquela época (1940), uma mulher viúva como a minha avó cuidando da 17ª filha, a caçula, tinha uma obrigação muito forte com a sociedade. Os convites já tinham sido distribuídos e a festa já estava organizada. Como ficaria o nome dela na cidade?

Minha mãe não teve poder de escolha e foi para a sua lua de mel. Mas ela não queria estar ali. Cada um estava numa sintonia diferente, e esse foi o desafio desde a minha fecundação e no início de minha jornada.

E assim eles seguiram durante minha infância. Meu pai era distante e eu quase nunca via minha mãe sorrindo. Eu, como filha, diante desse cenário, recebi tudo com medo de não ser o suficiente, de ser a culpada por tudo, de nunca fazer o certo. Toda manifestação espontânea minha era recebida de forma negativa.

Para vencer esse medo, tive de rever cada crença, cada programa emocional contida em cada lembrança e os comportamentos reativos a isso na minha vida cotidiana — remexer, desconstruir, quebrar a ilusão do conhecido para tirar novos aprendizados que libertassem meu ser da repetição da falta de prazer na vida e do estado de solidão.

Tive de aprender a dançar junto aos demais o baile da vida, aprender a celebrar as conquistas, ficar em paz comigo e com o lugar que ocupo e viver o prazer, e essa foi uma jornada cheia de emoções. Eram partes que, uma vez quebradas, não podiam ser esquecidas; elas precisaram ser significadamente ressignificadas.

O mais simples ato de colar as peças quebradas tem em si o maior valor de todos: o do Ressignificado, do Renascido, do Regenerado, do Restaurado — um aprendizado completo e coerente para a vida que tenho hoje.

É importante buscar o caminho para a autossuperação, desapegando-se das próprias heranças, revendo os conceitos e dando novo valor à sua história. É assim que se constrói uma identidade: harmonizando os opostos na relação entre o poder feminino e o poder masculino em sintonia, que é a memória original do pai e da mãe. Faça as pazes em você. Encontre-se além da sua linhagem, tomando posse daquilo que escolhe ser útil para a própria jornada, de maneira honrada e amorosa. Ocupe o seu lugar. Isso é AUTOACEITAÇÃO.

A iluminação acontece quando aceito que sou luz e que, mesmo que esse caminho possa não levar à autorrealização, tudo passou a fazer sentido. Quando isso acontece, o pertencimento surge e passo a me sentir parte do grande mistério. Sinto-me parte do todo, estou em tudo e tudo está em mim.

TREINE SUA ALMA

Ao longo da vida, carregamos memórias e impressões que podem nos levar a acreditar em uma versão limitada de nós mesmos, baseada em rejeições e traumas antigos. Aceitar e transcender essas memórias permite que nos reconheçamos como seres espirituais que escolheram esse caminho para aprender e evoluir. A autoaceitação é a prática de acolher todos os fragmentos de nossa história, vendo cada experiência como parte de nossa jornada única e necessária.

O que você precisa ressignificar em sua história para que a autoaceitação floresça e você tenha mais compaixão e verdade?

Após refletir talvez tenha percebido que é importante aceitar as diferenças e que aprender a olhar para dentro e se aceitar é o caminho mais curto para atingir a paz. O que precisa ser aceito para ressignificar sua história? Pense e escreva três valores que você precisa aceitar.

Vá para um lugar calmo e bata na testa com os dedos médio e indicador entre as sobrancelhas. Toque sua testa e repita as seguintes frases:

1 - Eu me aceito completa e incondicionalmente mesmo que eu nunca deixe de ser...
2 - Eu me aceito completa e incondicionalmente mesmo que eu seja sempre...
3 - Eu me aceito completa e incondicionalmente mesmo que eu continue sendo...

Repita o exercício por uma semana e observe-se adquirir mais aceitação. Valorize-se e veja seu amor-próprio florescer.

Desenhe uma representação de si mesmo em estado de completa autoaceitação e paz interior. Visualize essa versão de si, em que cada parte de sua história foi acolhida e ressignificada, permitindo-lhe sentir-se pleno e integrado. Que emoções e realizações esse estado desperta?

Escaneie o QR code abaixo e dê prosseguimento a essa jornada. Escute a Meditação 5, pensada para expandir o tema abordado neste capítulo.

6

SEXTO PASSO: A vida faz sentido

"O que vamos levar em nosso retorno ao infinito é o que realmente importa."

Quantas vezes você se perguntou qual é o sentido da vida? Ou talvez nunca tenha se perguntado por acreditar que já sabe a resposta. Mas pode ser um engano pensar que o sentido da vida é aquele que você absorveu por meio da educação, aquele que recebeu como "um pacote pronto" que só precisa ser operacionalizado. Essa questão sempre foi incômoda para mim, desde criança. Eu não conseguia ver sentido numa vida tão limitada como uma lista de tarefas que, se cumpridas, me transformariam em "alguém". Na infância, muitas vezes somos preenchidos com palavras vazias: "Estude para se tornar alguém"; "Se você tiver dinheiro, trabalho e diplomas, será alguém na vida e terá sucesso"; "Ser importante é ser rico e famoso."

Essa ideia impregna a cabeça da maioria das pessoas desde cedo. Só mais tarde, na idade adulta, vamos descobrir que, mesmo cumprindo cada etapa dessa dolorosa operação que é "ser alguém na vida", estamos vivendo uma existência sem sentido. Normalmente isso acontece depois de várias conquistas e, ainda assim, a satisfação interna não ter se manifestado.

Mesmo que a lista seja cumprida, falta algo que dê valor ao existir. O paradoxal é o fato de que passamos a vida tentando ser alguém para depois sermos felizes. Mas pode acontecer de, então, já não termos mais tempo para encontrar o que realmente nos faria feliz. Algo se perdeu no caminho, no tempo, por não termos aproveitado cada experiência, cada presença e cada abraço. A frustração vem quando nos damos conta de que o que fazia sentido foi perdido e trocado por algo sem nenhum sentido para a alma e para o existir.

Na minha infância, o aspecto material e o imaterial da vida tinham o mesmo lugar para mim: o mundo "invisível" era meu refúgio do mundo material, que me era opressor. Eu buscava nesse universo paralelo o alívio das dores de onde vivia.

A discriminação, a humilhação e o abuso eram uma constante dentro e fora de casa. Vivíamos em um imóvel muito pequeno e simples ao lado de uma casa bem grande e bonita, a mais chique da rua, onde morava a minha melhor amiga. Mas a nossa relação era de amor e ódio: ela adorava me mostrar onde era o "meu lugar", e se reunia com outras meninas para me humilhar. Inúmeras vezes cheguei em casa chorando, até que decidi romper com esse ciclo.

Esse foi um lugar de cura muito importante, pois quando vivemos o abuso em casa é muito comum ressoarmos essa energia e sermos atraídos novamente para esse lugar.

Então, o que é realmente ser alguém na vida? Alguém que repete os cenários de dor do passado? Alguém que consegue coisas? Alguém que ocupa lugares de destaque? Alguém que conquista títulos? Ou alguém que descobre que o SER é mais importante que o TER e nem por isso é miserável? A miséria está no coração preenchido de julgamentos, de discriminações.

E o sentido está em SER a presença encarnada no agora, manifestando a vida em sua máxima potência, nesse caso cheia de empatia e generosidade, valores inerentes ao real sentido da existência. Foi nesse caminho que me encontrei.

É certo dizer que este mundo é uma ilusão e que caminhamos enlouquecidos para chegar a um lugar que não tem fim. Quando vemos os últimos capítulos de nossa vida passarem diante de nós, resumindo o que vamos levar quando nosso tempo acabar, compreendemos que a vida nada mais é do que as experiências vividas, as sensações experimentadas, a maneira como lidamos com elas e como absorvemos as oportunidades que a vida nos deu.

Temos uma vida finita sob a perspectiva do infinito, e com isso perdemos a noção de que fazemos parte do infinito e para lá vamos retornar. O que vamos levar em nosso retorno ao infinito é o que realmente importa. E o que vamos levar? Se não podemos carregar nada conosco, serão levadas apenas as emoções e as sensações das experiências vividas.

As alegrias dos momentos inesquecíveis e os aprendizados dos momentos difíceis são fruto de nossas escolhas. Assim, precisamos igualmente ter consciência das consequências de nossas decisões, que podem impactar as próximas gerações. Então, pergunte-se: Quais pegadas você está deixando na caminhada? O que ficou registrado depois de sua passagem? Como você impactou o meio onde estava? Como reescreveu as histórias herdadas de seus ancestrais? E o que deixará para seus descendentes?

Refletir sobre tudo isso pode nos ensinar muito sobre o sentido da vida, do existir e da existência. Vejo dois caminhos para essa reflexão. O primeiro consiste em assumir a condição de sobrevivente, quando nossa demanda principal é a necessidade de sobreviver. A vida parece ter um único propósito: a sobrevivência. Assim, tudo o que rodeia essa questão tem mais relevância. No entanto, isso pode significar uma vida cruel, parecida com a de um rato de laboratório: perseguindo um pedaço de queijo numa roda infinita, ele se esforça, mas nunca avança de fato por mais que se esforce.

Morar e comer são fundamentais para sobreviver, mas, enquanto essas forem as únicas prioridades, não poderemos escapar da roda. Mesmo alguém que alcançou recursos financeiros para subir a outro nível poderá se manter no mesmo lugar. Isso porque ainda atua no modo de sobrevivência. O sujeito pode ser rico de dinheiro, mas pobre de consciência — na prática, continuará sendo um miserável.

O segundo caminho prioriza uma abordagem mais abrangente, com a qual podemos passar ao próximo nível de consciência e estabelecer novas conexões de entendimento e espaço para uma verdadeira expansão. Você pode ter muito, não se trata de se desapegar do ter, mas de valorizar o ser, tornando as coisas adquiridas veículos para melhorar sua própria existência e a das pessoas ao seu redor. Para mim, o sentido da vida é VIVER! Esse é o segundo caminho para a reflexão, e é esse o que eu escolho.

Então, pergunte-se: Minha vida faz sentido? Se não houver amanhã, o que faz sentido hoje?

TREINE SUA ALMA

Desde cedo, somos ensinados que cumprir uma lista predefinida de realizações nos conduzirá à felicidade, mas muitos descobrem que essa satisfação não chega, mesmo após muitas conquistas. Isso porque a verdadeira essência da vida é sentida por meio das experiências vividas, das emoções experienciadas e das lições aprendidas. A vida é finita, mas parte de um *continuum* infinito, sugerindo que nossas ações e pegadas têm significado espiritual eterno.

Quais são as verdadeiras motivações e os significados de sua vida? O que o motiva está ancorado em que crenças? Essas crenças são suas ou foram apreendidas de outros? Elas o limitam ou o libertam? Como você poderia alterar positivamente essas crenças? Elabore e escreva um plano de ação diário para que você possa transformar suas crenças limitantes em uma visão positiva da vida.

Muitas escolhas e resultados que você obtém são reflexo de crenças, que funcionam como lentes pelas quais você enxerga o mundo. Identificá-las é o primeiro passo para transformá-las.

Para isso, você pode tentar observar seus padrões repetitivos, analisar suas emoções, refletir sobre o que escutava quando criança, questionar-se quando agir de certa forma, e pedir a opinião sincera de pessoas de confiança.

Escreva suas crenças a respeito de dinheiro, trabalho, felicidade e relacionamentos. Qual a origem delas? Elas lhe ajudam ou atrapalham? Como seria acreditar na visão oposta?

Identificar crenças exige autopercepção, curiosidade e coragem. Pode ser profundo e libertador, um ponto de partida para mudança de padrões e construção de uma vida alinhada com seus desejos.

Desenhe, no papel e no astral, sua vida como uma longa estrada e imagine as pegadas que você deixará ao caminhar por ela. Em cima de cada pegada, identifique as influências positivas e negativas que terão sobre as gerações futuras. Reflita sobre como seus passos contribuem para sua evolução pessoal e para a evolução coletiva.

Escaneie o QR code abaixo e dê prosseguimento a essa jornada.
Escute a Meditação 6, pensada para expandir
o tema abordado neste capítulo.

7

SÉTIMO PASSO:

E se o mundo acabasse amanhã?

"Sinta a satisfação de cada ação realizada como se fosse uma obra da natureza divina: bela, artística e elegante. Mas adiante você será apresentado à morte em vida."

Se você soubesse que o mundo iria acabar amanhã, como seria o seu hoje? Durante um período de minha vida, convivi com um querido amigo xamã, que muito me ensinou e enriqueceu meu caminho. Entretanto, ele acreditava que o mundo ia acabar. Isso gerava instabilidade nas relações e no propósito de cada ação que realizava. Não era possível fazer planos de médio e longo prazo, porque sempre havia algo em seu discurso que cortava o fluxo. Assim, o medo era instaurado, muitos planos eram interrompidos e as coisas ficavam malfeitas no final, com pouca durabilidade, beleza e segurança. Certa vez, os moradores da montanha onde ele residia estavam construindo um quartinho de alvenaria e as paredes ficaram tortas e mal-acabadas. Quando o procurei para alertá-lo de que tanto o serviço quanto o acabamento não tinham nem segurança nem estética, o que representava um desperdício dos recursos utilizados, ele me respondeu: "Isso tem pouca importância, porque o mundo

vai acabar e o quartinho não vai durar, mesmo; então, não precisamos gastar energia para concluir o serviço."

Tentei argumentar falando sobre as construções antigas, que, de tão zelosas e bem arquitetadas, resistiam a cataclismas, guerras e devastações, mas não consegui levá-lo à reflexão, porque ele estava convicto de que o mundo iria acabar. Essa situação fez com que diferentes sensações tomassem conta de mim, e o conflito se instalou em meu coração, gerando angústias como a de caminhar numa estrada com uma bifurcação bem à frente, sem poder parar a fim de decidir qual caminho escolher. Qualquer plano, sob essa perspectiva de fim do mundo, se esvaziava de energia e retirava minha vontade de realização, me fazendo cair na inércia. Como esse discurso não combinava com meu ser, procurei outra visão sobre a vida, mais de acordo com minhas convicções.

Quando cheguei ao meu limite, resolvi perguntar aos meus guias espirituais, numa viagem astral no mundo dos sonhos, qual rumo escolher. Eu me vi, então, andando na beira do mar, acompanhada de um anjo, um ser de luz, que me dizia: "Venha, vou mostrar a você o que é a vida."

Caminhávamos lentamente e com elegância, como se flutuássemos com a brisa. Havia um som ao fundo, que remetia a outra dimensão. Enquanto percorríamos a praia, o anjo me mostrou três crianças brincando na areia, construindo um castelo. Eram duas meninas e um menino com roupas de linho branco. Ele me disse: "Veja a alegria de construir esse castelo, não obstante o fato de saberem que a onda vai derrubá-lo. Observe que estão fazendo lindos e delicados rococós nas janelas, sinta a satisfação do fazer bem-feito e do estado de presença."

Olhei para a cena cinematográfica e senti uma emoção tão forte que até hoje, quando me lembro, me transporto para aquele dia. Num instante, veio uma onda do mar e lambeu todo o castelo. As crianças vibraram de felicidade, pulando e rindo, enquanto os grãos desfaziam seu agrupamento e tomavam outra forma, voltando a ser apenas grãos de areia, como em toda praia.

Então, o anjo me disse: "Sinta a satisfação de cada ação realizada como se fosse uma obra da natureza divina: bela, artística e elegante. Mas adiante você será apresentada à morte em vida."

Andamos um pouco mais e vimos outras três crianças, dois meninos e uma menina, todos arrumados, com smoking e vestido de tafetá.

Eles erguiam um castelo com cimento para não se desfazer, enquanto outros enchiam sacos de areia e construíam diques, bancos de areia, para evitar que as ondas do mar chegassem até o castelo. Havia um clima de tensão e controle no ar, que sufocava, sem nenhuma brisa. Tudo era duro, cinzento, frio e um tanto cruel.

E o anjo completou seu ensinamento: "A graça do viver está em fazer o que pode ser feito da melhor forma, com beleza e elegância. Não se trata do que vai ficar materializado, mas de como cada um se sente ao realizar cada ação. Assim, quando alguém volta à casa do Pai Céu, pode levar a sensação de como fez cada escolha e de como vivenciou cada experiência!"

Nesse dia, mergulhei fundo na ideia da intemporalidade da vida e de como esse universo de possibilidades nos conecta com elevadas frequências do Ser. Nunca mais fiz algo sem prazer e de qualquer jeito. Busquei estar presente em cada ação, focada na experiência e não no resultado. Isso fez muita diferença na minha vida, que tomou outro rumo. Quanto ao xamã, nem tentei persuadi-lo a mudar de ideia, porque ele estava certo de sua verdade. Aprendi que cada um tem a própria evolução e que não existe certo ou errado quando se está em sintonia com seu coração. Tomei essa lição para mim, entendendo que Deus é organizado. Tudo na natureza esbanja beleza e graça, e, para eu me alinhar com tamanha graciosidade, é essencial entrar na sintonia divina e não aceitar nada menos do que a própria natureza é capaz de nos ensinar.

TREINE SUA ALMA

Pensar que o mundo pode acabar amanhã nos leva a refletir sobre o modo como vivemos cada dia. A verdadeira essência de uma vida plena está em valorizar o presente e realizar cada ação com presença, beleza e alegria, independentemente do que o futuro reserva. Não é o resultado material que importa, mas a experiência e a satisfação de viver plenamente. Quando nos concentramos em aproveitar o momento, nos conectamos com a intemporalidade da vida e com nossa essência mais elevada.

Se o amanhã não fosse garantido, como você escolheria viver o hoje? Que ações realizaria para tornar seu dia significativo e prazeroso?

Desenhe uma cena em que você viva o presente com intensidade e alegria, sem preocupação com o futuro. Imagine e ilustre um momento de plenitude, em que cada ação é feita com atenção e beleza e você está conectado ao fluxo da vida, como se o agora fosse o suficiente.

Escaneie o QR code abaixo e dê prosseguimento a essa jornada.
Escute a Meditação 7, pensada para expandir
o tema abordado neste capítulo.

8

OITAVO PASSO:
Deus e eu somos um

"Quando se está longe do verdadeiro significado do que é Deus, pode-se ficar preso às malhas da ilusão."

Quantas vezes me senti perdida, levada por uma enxurrada de emoções? Havia um surto maligno, vindo de um lugar miserável, que governava minha vida, ou, para dizer melhor, desgovernava meu ímpeto de viver. Eu não me sentia viva, apenas sobrevivendo a cada dia, como num nevoeiro onde nos debatemos para enxergar um passo à frente mas nada pode ser feito, porque a neblina não se dissipa. E, quando olhamos para o que entendemos como vida, o externo comum a todos, damos de cara com injustiça, separação, discriminação, competição, humilhação. Esses elementos levam o coração a um lugar terrível que, na verdade, é nosso inferno pessoal. A ilusão ao ver na TV e nas redes sociais apenas pessoas bonitas, sorridentes, ricas, nos faz imaginar que elas são felizes. Assim, nos perguntamos e questionamos a Deus: por que alguns têm muito e outros têm tão pouco? O que Deus está fazendo que não vê isso? Estamos pagando uma conta, um pecado? Será que o objetivo é perseguir o sucesso para chegar lá também? E para isso vale fazer qualquer coisa, passar por cima de si, dos outros e até mesmo de valores humanos?

Passei alguns anos me arrastando nessa lama, confusa, enquanto algo dentro de mim dizia que aquilo não fazia sentido. Mas e se for só isso realmente? Qual sentido faz a vida?

Inconformada com essa situação, segui buscando para além do véu da ilusão, a fim de tentar descobrir onde estaria a possível verdade sobre a vida.

Depois de uma longa jornada em busca de entendimento enquanto lidava com as feridas de minha criança interior, fui desobstruindo minha visão sobre tudo. Entendi que, quanto mais dor da nossa infância carregamos, mais nublada e turva é nossa visão sobre o mundo fora de nós.

Na prática, percebi que o olhar interior precisa ser limpo mesmo que tenhamos que mergulhar em nossas dores para nos conectarmos com as emoções e criar novos caminhos de aprendizagem, ou quem sabe completar as lições já apreendidas com novos contextos. Tudo isso foi indispensável para eu chegar ao passo seguinte e vislumbrar a imensidão que existe além da escuridão, quando a alma está envolta em dores e desamores.

Numa meditação profunda, buscando o código para me conectar com Deus, entrei numa esfera de sentidos inenarráveis. Em instantes eu estava viajando entre imagens psicodélicas, como mandalas de um caleidoscópio que, a cada movimento, se transformavam numa arte ainda mais bonita e complexa. E uma voz dizia em meu coração: "Isso é DEUS! Alinhe-se com os cinco princípios da verdade divina para estar na frequência adequada com o divino."

Primeiro princípio: tudo o que Deus fez é bonito. A natureza criada pelo mistério divino é incrivelmente bela e artística, desde uma colônia de bactérias até as galáxias. Tudo tem beleza, forma, cor e uma geometria cuidadosamente detalhada em traços encantadores. Se tudo criado por Deus é belo, por que eu ou você não haveríamos de ser? Então acredite que faz parte de tudo isso, porque você é belo!

Segundo princípio: tudo que Deus fez é bom e carrega em si uma bondade infinita. O ser é bom, a terra é boa, os frutos da terra são bons, as espécies são boas. Então, creia que você também é bom.

Terceiro princípio: tudo que Deus fez é saudável e tem sagrada importância. Existem medicinas específicas para curar e promover a vida e o bem-estar. Então, creia que você é um "homem ou uma mulher-medicina"; seu dom é curar, porque esse é o dom de Deus se manifestando em você.

Quarto princípio: tudo que Deus fez é abundante e próspero, existe em grande quantidade e é suficiente para todos. Há recursos para todo mundo. Então, seja abundante e próspero como sua própria natureza divina.

Quinto princípio: tudo que Deus criou tem elegância. Observe os movimentos da vida, da existência das galáxias, do beija-flor; sinta como tudo tem uma ordem, um fluxo. Então, acredite: você tem elegância e é parte de Deus em movimento.

Ao aceitar esses cinco pilares como verdades dentro de seu coração, você vai gerar uma energia de elevada frequência, que por sua vez vai se alinhar com a mais pura sintonia e vibrar numa esfera divina.

No entanto, quando se está longe do verdadeiro significado do que é Deus, pode-se ficar preso às malhas da ilusão, refém dos medos e ruídos múltiplos da escuridão, o que aprisiona o sujeito no sentido oposto ao desses pilares.

Quando você se vê como uma pessoa feia em comparação a outras, está fazendo um julgamento sobre si mesmo. Quando se vê como mau, está se colocando por baixo e alimentando a maldade em seu coração. Quando se sente doente, acaba adoecendo com suas dores e seu descaso consigo. Quando se coloca como uma pessoa mesquinha e avarenta, esquecendo que é parte de um todo, você entra no fluxo do egoísmo e do isolamento. Quando se coloca como grosseiro, agressivo e vingativo, deixa um rastro de desarmonia por onde passa.

Os pilares que estou sugerindo para o alinhamento com Deus dizem respeito à frequência do amor mais genuíno que existe. É a força magnética da criação desse lugar que torna você e Deus um só; é reconhecer que você veio de Deus, que parte Dele está em você e que você está Nele, assim como em todas as pessoas.

Assim que terminar de ler este capítulo, faça uma reflexão sobre como você se vê em cada um desses pilares. O que está precisando ser cuidado para que você seja a verdadeira inspiração divina em ação?

TREINE SUA ALMA

A conexão com Deus não é apenas uma busca externa, mas uma jornada interior para reconhecer a beleza, a bondade, a saúde, a abundância e a elegância que já existem em nós. Alinhar-se com os princípios divinos nos permite viver em uma frequência elevada, na qual o amor, a paz e a harmonia fluem naturalmente. Cada pilar nos lembra de que somos parte do mistério divino, de que estamos aqui para manifestar esses valores em todos os aspectos de nossas vidas.

Em quais áreas de sua vida você pode se integrar mais profundamente com os cinco pilares de Deus e viver em sintonia com sua essência divina?

Desenhe uma representação de si mesmo em alinhamento com os cinco pilares divinos: beleza, bondade, saúde, abundância e elegância. Visualize e ilustre como você se sente, como se expressa e como essa conexão profunda com Deus transforma sua vida e impacta o mundo ao seu redor.

**Escaneie o QR code abaixo e dê prosseguimento a essa jornada.
Escute a Meditação 8, pensada para expandir
o tema abordado neste capítulo.**

9

NONO PASSO:

Eu ganho ou aprendo

"Contra uma verdade
inexorável, nenhum homem
comum é capaz de lutar."

Entre a primeira fase da infância e da adolescência, fui dominada pelo vitimismo, tanto em relação à minha família quanto perante a sociedade e a mim mesma. Acabei, assim, por desenvolver o hábito de me autodestruir e me desvalorizar. Aos 24 anos, conheci Juan Uviedo, psiquiatra argentino, que me iniciou no xamanismo e me levou a abrir novas conexões em meu campo astral. A cada imersão de treinamento eu recebia igualmente orientações de outros mestres xamânicos, atuantes na dimensão astral. Recebia orientação do mundo físico, por meio do Juan, e do mundo astral, por intermédio de uma tríade de entidades: um guerreiro e um casal de velhos xamãs.

Num desses treinamentos, abri a porta do guerreiro do fogo e fui orientada a fazer o trabalho magnífico de instalar doze âncoras. As âncoras são inspirações e conexões com arquétipos que carregam informações específicas. Arquétipos são formas de pensamentos estruturadas em um sistema sutil na grande rede da vida, no éter, em que todas as informações são organizadas por tipo de energia, com sua vibração específica, sua frequência, sua cor e um padrão geométrico único.

Nessa rede existem muitas informações que fazem parte de riquíssimos registros *akáshicos*. Eles são como uma biblioteca espiritual que contém informações sobre todas as experiências e conhecimentos das almas ao longo dos tempos, são uma matéria-prima disponível para o aperfeiçoamento e o desenvolvimento humano. O mundo sutil da quinta dimensão é feito por padrões altamente criativos, contendo ricas qualidades e atributos, segundo a origem do conteúdo. Quando encarnado, o conteúdo está conectado à forma, e, diante dessa materialização, mesmo quando fora da matéria, o conteúdo continua a se expressar holograficamente no campo sutil, refletindo a forma.

Quando você acessa um arquétipo, pode beber nessa fonte de informações e absorver os atributos ali refletidos. Imagine que existe um conjunto de informações no céu com o qual nos alinhamos, criando fios que conectam nossa mente a tais informações. Fui instruída, em cada treinamento xamânico, a conhecer e a me conectar com o campo vibracional dos arquétipos que se alinhavam à essência de minha alma.

Depois de várias jornadas, jejuns e desapegos, fui me abrindo para ir além da mente, a fim de despertar para o autoconhecimento e receber do invisível os arquétipos que estavam alinhados com minha essência original. Algo como: "encontre sua turma", no idioma que está em sintonia com a vivacidade de nossa alma.

Para encontrar esses arquétipos, porém, era necessária minha construção pessoal, que eu estava elaborando com base em minha verdade interior.

Essa jornada foi profunda e longa. Era importante ouvir meu coração e o do arquétipo para que o encontro necessário para o alinhamento acontecesse.

Eu me lembro do dia que entrei na jornada para acessar a frequência do amarelo, que é uma inteligência que diz respeito à ideologia, à expressão e à força mental. Depois de cinco dias de jejum, tomando apenas água, comecei a vigília para receber a conexão e descobrir o que estava em alinhamento com meu coração. Esse trabalho pode acontecer de diferentes formas, e o meu se deu por meio de meditação e de sonhos. Eu entrava em meditação silenciosa e saía do corpo para sonhar no mundo astral.

Uma vez, sonhei com um grande homem negro dentro de uma pequena jaula em que seu corpo não cabia. Mesmo assim, ele não se deixava abater, porque sua verdade e seu propósito eram maiores que seu ego. Quando reconheci a pessoa daquela imagem, identifiquei Nelson Mandela. Frases de sua história vinham a meu coração, e eu me conectava com aquelas palavras, que não eram apenas verbais, mas um conjunto de leis que expressavam uma verdade tão pura que poderia resistir à morte.

Foi isto o que bebi daquela fonte energética: a certeza de que, quando se sabe por qual verdade se está disposto a morrer, essa energia se torna uma força implacável e indestrutível. Contra uma verdade inexorável, nenhum homem comum é capaz de lutar.

Quando foi preso, Mandela disse: "Vocês podem prender meu corpo, podem até matá-lo, mas nunca matarão minha ideia, porque ela é imortal." Ela vai além do corpo, da forma. Talvez por isso Nelson Mandela não tenha sido morto, mas aprisionado por trinta anos. Ele entrou na prisão, mas a prisão nunca entrou nele. Outra de suas falas especiais que ressonou em meu coração, eu uso diariamente: "Eu nunca perco: ou ganho, ou aprendo." Tornei essa frase um mantra para mim, aceitando que a vida é pedagógica. O que de mais precioso posso levar desta vida é, na verdade, a vida vivida após cada escolha minha. Sabendo disso, assumi o compromisso de me aprofundar em mim mesma e no que eu havia construído ao meu redor.

TREINE SUA ALMA

A vida se revela uma série de experiências que nos convidam a crescer e a aprender, mesmo nas situações mais desafiadoras. Quando adotamos a perspectiva de que cada desafio traz uma lição ou um ganho, nos libertamos do vitimismo e abrimos espaço para o autoconhecimento e a evolução. Quando alinhamos nossas ações com nossa essência e nosso propósito, criamos uma conexão com a sabedoria universal, que nos fortalece e nos guia.

Como você pode aplicar a visão de que uma perda, é, na verdade, o ganho de um aprendizado em situações recentes de sua vida?

Desenhe uma representação de você mesmo vivendo com a certeza de que todas as experiências, boas ou desafiadoras, são oportunidades de aprendizado e crescimento. Visualize e ilustre como seria sua vida ao se manter alinhado com sua essência e seu propósito, sem medo de erros ou perdas. Que emoções e realizações surgem dessa visão?

Escaneie o QR code abaixo e dê prosseguimento a essa jornada. Escute a Meditação 9, pensada para expandir o tema abordado neste capítulo.

10

DÉCIMO PASSO:
Compromisso

"Quase sempre é necessário um compromisso rígido consigo mesmo para manter aquilo que se determinou."

O vínculo com um compromisso depende muito do valor que cada um dá a ele, ou seja, depende de até onde se é capaz de ir para manter a palavra dada, o compromisso assumido, seja consigo, seja com o outro. Entrar na frequência do compromisso é estar comprometido com uma ideia, uma causa ou um sentimento. Esse vínculo pode até beirar o fanatismo, para se manter sobre o alicerce que sustenta a própria verdade. Mas é fato que quase sempre é necessário um compromisso rígido consigo mesmo para manter aquilo que se determinou.

Existe um movimento duplo: você mantém o compromisso e o compromisso mantém você — como se atingisse uma frequência de elevada potência que gera força entre si, se autoabastece e nutre como um combustível, que dá o sustento necessário para evoluir, seguir em frente, avançar.

Diante do compromisso assumido, manter o combinado diz muito sobre o caráter espiritual do sujeito. Em certa ocasião, tomei a decisão de me comprometer com minha saúde, mas para isso era fundamental que eu mantivesse uma alimentação vegana. Eu já havia postergado

essa decisão anos antes, mas, num retiro, durante uma meditação muito profunda, cheguei a uma encruzilhada: me comprometer com minha sanidade ou pagar o preço das consequências de uma saúde abalada e suas limitações.

Diante de meu propósito e do que me fora concedido como tarefa, eu ainda tinha muito a fazer. Então, para o bem de todos, seria de grande importância que eu cumprisse minha missão espiritual na Terra. Para tanto, eu deveria fazer escolhas e as fiz, num compromisso comigo mesma de manter uma severa conduta alimentar, retirando aquilo que gerava as inflamações no meu corpo. Foi uma decisão que, uma vez tomada, teve que ser mantida.

Um dia, num almoço comemorativo, havia uma variedade de guloseimas que eu não podia comer. E meu marido começou a insistir que eu provasse: "Só um pedacinho não vai fazer mal." Depois de muita insistência, me ocorreu de perguntar-lhe: "Se, numa dessas viagens que faço, alguém me paquerar e me encantar, não vai fazer mal eu ficar um pouquinho com ele, não é mesmo?" Assustado, ele respondeu, bravo: "Claro que vai, é muito diferente." Retruquei, então: "Não há diferença, é a mesma coisa: tudo diz respeito ao compromisso assumido. Eu tenho um compromisso com você, e isso tem um valor para mim, do mesmo modo que fiz um compromisso comigo mesma, para melhorar minha saúde." Ele ficou em silêncio e, depois disso, nunca mais insistiu quando eu dizia "não" para algo.

Ali nasceu o respeito, e esse valor também precisou encontrar seu lugar dentro de mim. Quando nos respeitamos, podemos respeitar o outro. Em qualquer relacionamento, fazer acordos claros e legítimos é muito importante.

TREINE SUA ALMA

O compromisso é mais do que uma simples promessa; é um pacto com nossa essência e nossos valores, é um alicerce que nos sustenta e fortalece. Quando nos comprometemos profundamente com algo, seja conosco ou com os outros, estamos construindo um caminho que reflete nossa integridade e nosso propósito. Esse compromisso não apenas nos guia, como também exige respeito e consistência em cada ação e escolha.

Em que áreas de sua vida você pode fortalecer seu compromisso consigo mesmo, para refletir seu verdadeiro valor e propósito?

Vamos analisar os valores fundamentais. Quais princípios importam para você?

Liste cinco valores que alicerçam sua vida e identifique onde há desalinhamento. Em quais situações tal valor tem ficado de lado? Por que não praticá-lo com frequência? Escolha UM para fortalecer esta semana e se comprometa isso.

Por exemplo: "Meu compromisso com a honestidade será expressar opiniões de forma autêntica, apesar do medo da rejeição."

Depois, escreva como se sentiu mediante a tarefa. Foi desafiador? Como continuar praticando?

O compromisso nasce do autoconhecimento e do alinhamento com nossos valores profundos. Ao agir de acordo, experimentamos mais integridade, força e propósito em cada escolha.

Desenhe uma imagem de si mesmo vivendo em plena harmonia com os compromissos que você valoriza. Imagine e ilustre como o respeito e a integridade em suas escolhas transformam suas ações e impactam suas relações.

Escaneie o QR code abaixo e dê prosseguimento a essa jornada. Escute a Meditação 10, pensada para expandir o tema abordado neste capítulo.

11

DÉCIMO PRIMEIRO PASSO:
Acordo — acordes do coração

"O coração é como um instrumento de cordas que, quando tocado numa sintonia harmônica, não gera ruídos nem desafina."

Vamos fazer um acordo? Firmar um acordo consigo mesmo ou com alguém exige um alinhamento muito transparente entre as partes. Eles necessitam de um combinado claro, preciso e direto entre todos os envolvidos.

"Acordo" vem do latim *accordare* e está relacionado à palavra "acordes", que significa estar em harmonia, concordar junto com o coração. O coração é como um instrumento de cordas que, quando tocado numa sintonia harmônica, não gera ruídos nem desafina. Alinhar os acordes do coração para traçar um acordo real e verdadeiro é fundamental para um bom relacionamento, seja ele da esfera íntima, profissional, social, familiar ou espiritual.

Fazer combinados que favoreçam igualmente as partes gera uma melodia muito harmoniosa. É como a música que tem o poder de tocar distintas dimensões do ser. Os acordos alinhados fazem o mesmo nos relacionamentos: eles deixam um caminho aberto, próspero e abundante à frente. Como resultado, a felicidade acontece, pois é assim que nos sentimos quando ouvimos uma música cujas notas estão completamente alinhadas.

No dia em que fugi de casa, aos 17 anos, fiz um acordo comigo mesma. Depois de imaginar mais de uma forma de me ver livre do meu pai, cheguei ao fim de uma estrada escura e dolorosa, onde não via nenhuma saída senão arriscar o novo, e firmei comigo mesma o acordo de não me dobrar perante o meu pai.

E então eu o enfrentava. Ele me mandava fazer as coisas de um jeito, eu desobedecia. E ele, então, me punia. Eu me rebelava, embora nunca deixasse de cumprir meus compromissos com o trabalho e o estudo. Minha adolescência foi cheia de responsabilidade; eu trabalhei de carteira assinada desde os 14 anos. Minha maior força vinha do trabalho; minha liberdade financeira também.

Em certa ocasião, já cansado de me impor castigos físicos, meu pai ameaçou ir até a empresa em que eu trabalhava e pedir minha demissão, uma vez que eu era menor de idade. Ele não deixou que eu saísse de casa no fim de semana e prometeu ir até lá na segunda-feira. Furiosa, arquitetei um plano muito perigoso que quase custou a minha vida.

Depois de tantos anos de abuso fiz um acordo comigo mesma: eu buscaria o sentido de viver para além da dor. Eu sabia que deveria haver um mundo com outras possibilidades além daquelas que conhecia.

Então, fugi de casa e uma nova jornada começou, cheia de aventuras.

Quando as partes estão conscientes e presentes, não é necessário papel para validar um acordo — embora eu sugira que a escrita seja feita para manter o combinado acordado, escrito e assinado, evitando que, no futuro, haja dúvidas sobre o feito. De todo modo, é importante se lembrar de que o verdadeiro lugar para guardar um acordo é dentro do coração.

Quando um acordo é rompido de maneira injusta e sorrateira, isso causa grande dor no coração, como uma corda cardíaca que se arrebenta, e o som que sairá vai ferir os ouvidos e o coração, quebrando a confiança e a segurança, que se sustentam na verdade e no respeito mútuo.

TREINE SUA ALMA

Acordos são como melodias que, quando bem alinhados e sinceramente firmados, geram harmonia e prosperidade em todas as áreas da vida. Esse alinhamento verdadeiro, feito com o coração, traz clareza e evita mal-entendidos, além de preservar a confiança e a segurança nas relações. A força de um acordo vem da presença, da transparência e do compromisso registrado não apenas em palavras, mas no sentimento genuíno de respeito mútuo.

Você tem estabelecido acordos que refletem seus valores e mantêm a harmonia em suas relações? O que você pode fazer para alinhar melhor seus compromissos com o coração?

Escreva uma lista dos acordos explícitos e implícitos nas suas relações, e determine se seus valores se alinham a eles.

Pergunte a uma pessoa próxima se os acordos entre vocês refletem quem são e o que esperam, e o redefinam juntos, se necessário. Por fim, sele com um gesto simbólico.

Ao final de cada semana, reflita se houve desentendimentos ou desconfortos nas suas trocas e qual a relação deles com os acordos. Anote o que pode ser melhorado e crie um plano para promover clareza e sintonia nas próximas oportunidades.

Ao exercitar o olhar atento e presente, você fortalece relações saudáveis e promove prosperidade e confiança em todas as áreas da vida. Lembre-se: a força de um acordo está onde palavra, sentimento e valor caminham juntos.

Desenhe uma cena que represente o futuro que você deseja viver ao implementar os princípios aprendidos neste capítulo.

Escaneie o QR code abaixo e dê prosseguimento a essa jornada.
Escute a Meditação 11, pensada para expandir
o tema abordado neste capítulo.

12

DÉCIMO SEGUNDO PASSO: Respeito

"Diante daquilo que tem coração, sentido e valor, você deve dar marcha à ré e manter distância para não invadir o espaço do outro."

Respeito tem a ver com temor? Vejo pais educarem os filhos impondo respeito por meio de violência e ameaças. Então, devemos nos perguntar: será que existe respeito quando o outro nos teme? Ou a pessoa simplesmente respeita o sistema por medo das consequências? E se não houvesse complicações, o outro estaria livre para fazer o que quisesse, com quem quer que fosse? A autoridade e a hierarquia são muito importantes para que um ser humano se desenvolva social e civicamente, saiba escutar o outro e reconheça suas necessidades e opiniões, porque o respeito é baseado na apreciação do outro.

Quando falta o respeito em relação ao que o outro fala, isso denota uma mente competitiva, que deseja reunir argumentos para expor sua opinião e ganhar a discussão. No entanto, para que haja respeito, não se trata de ganhar, e sim de apreciar o outro. Não, não é preciso concordar com ele, mas é preciso respeitá-lo.

Não estamos falando aqui de uma queda de braço em que o mais forte ganha, mas de estabelecer uma comunicação e um comportamento num plano em que haja consideração, mesmo diante das diferenças entre as pessoas. Ninguém precisa estar certo ou errado, no entanto o respeito poderá beneficiar ambos os lados.

Numa comunidade tribal, é comum todos se sentarem em círculo e cada um expor seu sagrado ponto de vista. Na visão xamânica isso é apreciado, porque todos entendem essa troca como uma oportunidade de enxergar o assunto sob outro ângulo. As várias opiniões representam ângulos distintos por onde se pode observar uma situação. E todos podem ganhar com essa partilha, pois terão a chance de apreciar pontos de vista diferentes, capazes de se completar e se multiplicar.

Depois que fugi de casa, fui morar por alguns meses com uma colega que tinha o dobro da minha idade num apartamento no centro da cidade. Eu pagava pelo quarto e estava em busca de outro trabalho, pois tinha me desligado de tudo do passado. Ela me arranjou um emprego fazendo desfiles para o lançamento de uma coleção de roupas. O trabalho começou em lugares diversos e terminou em boates.

Foi quando descobri que a amiga com quem eu dividia o apartamento estava me manipulando da pior forma possível. Tudo foi revelado em uma noite, e eu tive que sair do apartamento no dia seguinte. Eu não fazia ideia de para onde ir, e então naquela noite tive uma visão muito importante. Enquanto dormia, sonhei com um homem abrindo a porta do quarto e dizendo: "Chegou a hora de avançar, respeitar a si mesma. Tem um lugar te esperando. Levante, vá e confie. Tudo está encaminhado."

Acordei bem cedo com essas palavras ecoando na minha cabeça. Eu tinha feito um acordo comigo mesma e assim seguiria na busca desse lugar dentro e fora de mim.

Consegui dinheiro emprestado com um amigo, fui para a rodoviária e lá fiquei indecisa entre dois destinos possíveis, Goiás ou Vitória, onde duas amigas de Belo Horizonte moravam. Usei uma moeda para decidir: se desse cara, iria para Goiás; se desse coroa, iria para Vitória. Deu cara, e eu segui minha viagem transformadora e cheia de aventuras para Goiás.

Gosto de sentir e brincar com as palavras. Então, aprecio contemplar a palavra *res-peito*, separada. Assim, imagino o peito, o lugar onde fica o coração, como o limite para iniciar o exercício do respeito.

Diante daquilo que tem coração, sentido e valor, você deve dar marcha à ré e manter distância para não invadir o espaço do outro. Fazê-lo significa dar um passo atrás para apreciar melhor, para ver o todo. Isso nos ajuda a entender qual é nosso lugar de respeito.

"Respeito" vem do latim *respectus* e, na sua origem, significa "olhar outra vez". Assim, podemos dizer que algo que merece um segundo olhar é digno de respeito. Quando respeito o espaço que uso, o lugar onde estou, as pessoas que encontro, o que é do outro, seja sentimento, pensamento, fala ou ação, dou espaço suficiente para a expressão ir além de mim e de meu julgamento.

Quando uso esse recurso comigo mesma e começo a me respeitar, a respeitar meus limites, a me olhar com outros olhos, eu me sinto digna de ser vista, de valorizar meu momento, meu tempo, meu ritmo, minhas limitações e meus desafios. Dessa forma, um novo olhar nasce sobre mim e sobre o mundo, e eu posso me proteger de seguir a onda alheia e de ser levada pelas mazelas daqueles que têm a intenção de corromper o lugar mais poderoso que existe em nós: o coração.

TREINE SUA ALMA

Respeitar vai muito além de impor limites pelo medo; é um ato de valorização e compreensão. Quando oferecemos ao outro um "segundo olhar", sem invadir seu espaço, permitimos que ele se expresse plenamente, criando uma comunicação verdadeira e significativa. O respeito nasce da apreciação e da vontade de entender o outro, mesmo que existam divergências. E o mesmo respeito que damos ao outro devemos oferecer a nós mesmos em primeiro lugar, reconhecendo e valorizando os próprios limites e desafios.

Em quais aspectos você pode dar a si mesmo e aos outros um "segundo olhar" de respeito, valorizando o espaço e a essência de cada um?

Desenhe uma representação de si mesmo em um espaço onde o respeito flua naturalmente nas relações. Visualize e ilustre como você se sente e interage quando todos têm a liberdade de se expressar, você é valorizado e está em harmonia com o outro, sem invadi-lo ou ser por ele invadido.

Escaneie o QR code abaixo e dê prosseguimento a essa jornada.
Escute a Meditação 12, pensada para expandir
o tema abordado neste capítulo.

13

DÉCIMO TERCEIRO PASSO:

O inimigo nos vence quando...

"Quando entramos na frequência do inimigo, já perdemos nosso poder pessoal."

Peregrinando pelos caminhos de Maria Madalena, no Sul da França, atravessei os Sete Portais das Sete Igrejas, em sete diferentes cidades conectadas à tradição espiritual da Santa Apóstola de Jesus. Essa experiência foi uma provação, porque enfrentei internamente os sete demônios que representam os sete pecados capitais: gula, avareza, luxúria, ira, inveja, preguiça e soberba. Ao mesmo tempo, essas experiências me permitiram ampliar meu estado de consciência. Segundo a tradição, Maria Madalena chegou de barco à França, vinda da Palestina, com outros discípulos de Jesus, fugindo das perseguições ao cristianismo nascente. Eles chegaram à cidade que atualmente se chama Saintes-Maries-de-la-Mer, onde iniciaram um trabalho de evangelização por toda a região. Dali seguiram propagando os ensinamentos de Jesus em Marselha e por todo o Sul da França.

Depois de se dedicar à sua missão, Maria Madalena retirou-se para uma gruta no coração das montanhas Sainte-Baume, permanecendo em oração e contemplação até o fim de seus dias. Esse lugar tornou-se um santuário, e o corpo da santa foi sepultado numa tumba em Saint-Maximin, no sopé dessas montanhas, ficando sob os cuidados dos monges dominicanos.

Vivi experiências incríveis em cada um dos portais que acessei durante minha peregrinação. No entanto, tive uma vivência transformadora em Maguelone, que fica na metade do caminho até o pico Bugarach, que foi um divisor de águas na minha vida.

Entrei por um caminho todo arborizado onde fica a Igreja de Maria Madalena. Atrás dela há um grande lago, hábitat de uma enorme diversidade de pássaros coloridos. Quando eu estava preparada para seguir na direção da entrada principal, uma mão invisível tocou meu peito, impedindo-me de seguir em frente. Ao mesmo tempo, recebi uma mensagem espiritual avisando que eu não tinha permissão para atravessar aquele portal, porque meu coração estava cheio de preconceito e, com tal sentimento, não poderia entrar. Paralisada e confusa, senti como se tivesse levado um soco na boca do estômago.

Desejando eliminar a sensação de impotência, iniciei um checklist dos possíveis preconceitos que eu garantia não ter. Então ouvi uma voz que, na minha percepção, era de Maria Madalena: "Você tem preconceito, sim; preconceito contra um povo inteiro."

Quando ouvi aquilo, imediatamente vieram à minha mente os Estados Unidos. A verdade é que eu tinha um preconceito que bloqueava meu coração. Até os 54 anos, eu nunca quis aprender inglês. Eu achava que os estadunidenses se metiam em tudo com a intenção de dominar o mundo, querendo o melhor apenas para eles. Eu tinha preconceito até mesmo contra as palavras inglesas mais básicas inseridas no nosso cotidiano. Termos tão simples como *download*, *e-mail*, *briefing* e *shopping* me deixavam irritada.

Comecei a derreter ali, na frente da igreja, enquanto ouvia a Santa dizendo: "Entenda, filha, algo muito importante: todos somos *um* neste planeta, fazemos parte do mesmo sistema; qualquer comparação ou exclusão só nos torna reféns no Portal da Soberba, dominado pelo demônio da arrogância. Aceite: nosso inimigo nos vence quando transforma nosso coração no reflexo dele próprio. Quando entramos na frequência do inimigo, já perdemos nosso poder pessoal."

Eu queria entender mais e perguntei: "Como devo ver as pessoas que têm um comportamento nocivo para com as outras?" E ela me respondeu: "Imagine que Deus é tudo e tudo é Deus, mas há pessoas que são o cu de Deus. Não se pode viver sem o cu, porque ele faz parte do todo e tem seu próprio papel. O início do caminho para atingir as frequências mais elevadas, isto é, o amor incondicional, é cuidar do seu coração. Esse é o maior desafio. Você só tem regência sobre o próprio coração. Dele você precisa ser o maestro."

Fiquei atordoada. Minha mente revirava com a destruição de tantas crenças. Simultaneamente, porém, comecei a sentir algo que abriu meu coração. Estava um tanto envergonhada de mim mesma, por não saber que estava presa numa armadilha que chamava de justiça e ideologia. Na verdade, eu julgava o povo norte-americano e acabei desenvolvendo um preconceito que me levava a discriminar pessoas.

Quando recebi essa comunicação de Maria Madalena, estava acontecendo uma eleição no Brasil, e nosso povo estava dividido. Então, vi pessoas disseminando preconceitos separatistas, baseados em ideologia política. Naquele momento, uma grande ficha caiu. O coração de muita gente já estava tomado por sentimentos de rivalidade. Entender isso me trouxe a certeza de que a vitória do caminho do coração já era certa. Ajoelhada e chorando, reconheci o lugar a que eu estava presa e me desapeguei imediatamente. Senti uma energia luminosa abrir uma porta à minha frente, me convidando para entrar. O gelo que estava obstruindo meu coração tinha se dissolvido. Então ouvi a voz da santa em meu coração: "Esse bloqueio estava impedindo você de ir aonde precisa para começar sua principal missão. É nos Estados Unidos que você precisa lançar a semente do Novo Humano. Seu exercício é trilhar o caminho do amor incondicional, no qual a regência de seu coração é você quem faz."

Até atravessar o Portal da Soberba, eu nunca havia pensado ser arrogante em algumas posições e julgamentos que cultivava inconscientemente. Depois dessa experiência, as coisas mudaram para mim. Entendi que tudo tem seu lugar e seu papel. Cada um faz o que pode junto à sua rede de influência, movimentando sua energia em prol de um propósito pessoal.

Em vez de perder energia atacando aqui e ali, o melhor é construir a si mesmo de acordo com os valores do coração. Estava claro que eu não conseguiria fazer tudo, muito menos sozinha, mas eu poderia fazer o que estava ao meu alcance.

TREINE SUA ALMA

Quando nosso coração é preenchido por preconceito e julgamento, perdemos nossa força e nos tornamos reflexos dos sentimentos que criticamos. O verdadeiro poder pessoal surge quando cuidamos do coração, libertando-nos das ilusões de superioridade e separação para abrir espaço ao amor incondicional. Tomando consciência dos bloqueios internos, alcançamos um estado de paz e unidade, em que as diferenças se tornam oportunidades de crescimento e compreensão.

Em que áreas da vida você pode estar nutrindo julgamentos ou preconceitos que bloqueiam seu coração e impedem sua conexão com o amor incondicional?

Pegue uma folha de papel e a dobre em quatro: família, trabalho, relacionamento e sociedade. Para cada uma dessas áreas, pense: existe algo que você costuma julgar?

Para cada item listado, pergunte-se que parte de você sente dor ou insegurança ao fazer julgamentos. Como esse sentimento reflete algo que você não aceita em si mesmo? Anote percepções que surgirem. Visualize o alvo do seu julgamento. Então respire, repita e reconheça o preconceito. Sinta as emoções — alívio ou até mesmo resistência. É parte do processo.

Agora, escolha UM padrão de julgamento para transformar durante esta semana. Anote uma atitude para substituir esse comportamento. Algo como ouvir sem interromper, perguntar em vez de julgar, elogiar ou apenas não alimentar o pensamento crítico.

Ao fim de cada dia, escreva as situações em que percebeu julgamentos surgindo.

Escreva o que aprendeu sobre si mesmo hoje. Valorize e celebre cada avanço.

O exercício não é sobre negar diferenças, mas transformar a sua relação com elas.

Desenhe uma representação de si mesmo com o coração aberto, livre de bloqueios e julgamentos. Visualize e ilustre como seria viver com plena aceitação e amor, sentindo-se em paz e conectado a todos ao seu redor, sem a sombra de preconceitos ou divisões.

Escaneie o QR code abaixo e dê prosseguimento a essa jornada. Escute a Meditação 13, pensada para expandir o tema abordado neste capítulo.

14

DÉCIMO QUARTO PASSO:

Fazer o que está ao seu alcance (espaço sagrado)

"Muita gente quer alcançar esse estado, mas não tem o desapego necessário para abrir mão de alguns confortos e avançar e conquistar essa expansão."

Você só pode fazer aquilo que está ao seu alcance. E, antes que isso se torne uma justificativa para se sentir pequeno, impotente e incapaz, vamos refletir: o que realmente está ao seu alcance? Sugiro que você abra os braços em cruz e trace um círculo em torno de seu corpo, com os braços bem esticados, marcando o alcance dos dedos. Uma pessoa de pé, com os braços abertos circula e cria um circulo demarcando o espaço sagrado. até onde seu braço alcançar formando o círculo ao seu redor. O raio da circunferência poderá atingir oito metros, que darão acesso a um espaço sagrado, em que a geometria equivale à flor da vida.

Todos podem ir nessa direção. A questão é o que precisa fazer ou deixar de fazer para atingir esse espaço. Desapego, prática, devoção e restrições são necessários para alcançar a determinação que está no coração de um iniciado nos caminhos do sentir. Mas é preciso estar interessado para alcançar esse grau de desenvolvimento.

Se, por um lado, muita gente quer alcançar esse estado de plenitude, mas não tem o desapego necessário para abrir mão de alguns confortos, avançar e conquistar essa expansão. Por outro lado, é possível para a maioria de nós manter um espaço sagrado mínimo saudável.

Para começar, podemos nos exercitar, ocupando esse espaço sagrado mínimo saudável, ou seja, dominando o campo que está ao alcance de nossos braços esticados.

Você só pode fazer aquilo que está ao seu alcance. Então, é preciso saber o que de fato está ao seu alcance para assumir o poder sobre si mesmo e conseguir autogerir seus potenciais.

Faça esta reflexão:

Está ao seu alcance usar os olhos para escolher o que olhar.

Está ao seu alcance usar os ouvidos para filtrar o que está ouvindo.

Está ao seu alcance usar a boca para falar, calar e sorrir de acordo com o seu coração.

Está ao seu alcance usar os braços para abraçar, acolher, amparar, trazer para si aquilo que realmente importa e afastar o que bloqueia sua própria luz.

Está ao seu alcance utilizar seu cérebro, sua mente e seus pensamentos para criar um mundo incrível com novas visões, conceber novas ideias e remodelar as antigas, dando a elas mais praticidade e veracidade.

Está ao seu alcance usar as pernas para agir, andar, correr e caminhar na direção da realização de seu real propósito.

Está ao alcance do seu coração ser o mestre de seu campo sagrado e o coordenador de acordos, tanto consigo mesmo quanto com o outro.

Então, sim, de fato, você só pode fazer o que está ao seu alcance, mas veja quão poderosos são os recursos disponíveis. É preciso realizar a gestão desses recursos para que não sejam usados por seus "inimigos".

Na juventude, eu sempre esperava dar conta de muito mais do que realmente dava, e, como meu coração estava cheio de frustração, não conseguia me livrar dos emaranhados emocionais que me prendiam a um caminho de dor e limitações.

Foi quando cheguei a Goiás, e conheci o meu primeiro mestre: Alódio, um filósofo marido da amiga que fui encontrar depois da escolha aleatória no jogo da moeda.

Essa amiga tinha algo em comum comigo, que era gostar de assuntos místicos. Na ocasião, o que havia disponível era a revista *Planeta*, numa edição capa dura, quadradinha, com muitas informações relevantes sobre assuntos esotéricos, mestres e outros temas. Foi assim que adquiri conhecimento sobre alguns mestres indianos. E foi por intermédio dessa revista também que minha amiga começara a se corresponder com Alódio, então recém-viúvo – e assim nossos caminhos se cruzaram.

Alódio me apresentou ao caminho filosófico, teosófico e à magia em diferentes versões. Eu então comecei a perceber que o grande mistério estava dentro de mim e que só fazia sentido começar por dentro; nada seria respondido enquanto eu não começasse pelo que realmente estava ao meu alcance, ou seja, eu mesma, minhas dores e minhas crenças.

Foi uma jornada e tanto para ver e quebrar lentes arraigadas do vitimismo em meu ser e assumir meu lugar de poder. Ficou claro que não podia mudar o que havia acontecido comigo, mas que cabia a mim dizer o que faria com tudo aquilo.

A partir daí passei a ser minha maior aliada e descobri que, de fato, muita coisa está ao meu alcance.

TREINE SUA ALMA

É comum nos sentirmos limitados por aquilo que parece estar fora de nosso controle. No entanto, quando entendemos verdadeiramente o que está ao nosso alcance, descobrimos um poder transformador e vasto. A responsabilidade sobre nossos pensamentos, palavras, gestos e ações permite expandirmos nossa influência e vivermos com intenção e clareza. Essa autogestão dos recursos internos é a base de uma vida plena e alinhada com nosso verdadeiro propósito.

Em quais áreas da sua vida você pode utilizar melhor os recursos ao seu alcance para viver com mais presença e propósito?

Desenhe uma representação de si mesmo ocupando seu "espaço sagrado", com os braços esticados ao redor de si, tendo controle e equilíbrio dos recursos que estão ao seu alcance. Visualize e ilustre como você pode expandir sua influência e seu impacto, respeitando os limites, mas utilizando ao máximo cada ação, pensamento e emoção de maneira intencional e poderosa.

Escaneie o QR code abaixo e dê prosseguimento a essa jornada.
Escute a Meditação 14, pensada para expandir
o tema abordado neste capítulo.

15

DÉCIMO QUINTO PASSO: Autogestão

"Para criar uma boa musculatura espiritual, é fundamental exercitar a autogestão."

O que é *autogestão*? Repita essa palavra três vezes, cada uma delas mais devagar, para sentir o que ela realmente significa. Verifique se já a usou alguma vez e sinta em seu coração que sentimentos ela promove. Não aprendemos a olhar para nós como gestores de nossos recursos naturais, nem a identificá-los, elevá-los ou, até mesmo, aperfeiçoá-los. Preferimos, muitas vezes, nos colocarmos no lugar de vítima que necessita de alguém para se completar nos caminhos do amor, do desconhecido ou da salvação.

Para criar uma boa musculatura espiritual, é fundamental exercitar a autogestão. Mas para isso o autoconhecimento é essencial, com tempo e espaço para a autoinvestigação. Assim será possível sentir e se aprofundar no campo de sua regência e responsabilidade sobre si mesmo. E só você pode fazer isso.

Eu sei que parece trabalhoso demais, e às vezes nem sabemos por onde começar. Mas pense comigo: quando chegamos a este mundo, muita coisa já estava pronta, feita pelos outros, e o que sobrou para fazermos?

Eu estava no início do meu treinamento xamânico e precisava de um lugar para iniciar minhas práticas. Nos fundos da minha casa havia um pedaço de terra, onde consegui erguer meu espaço sagrado, ainda que estivesse no meio de uma cidade. Lá eu encontrava uma conexão direta com o Céu e estava sentada no colo da Mãe Terra. Plantei meu primeiro cajado, muita conexão com a energia verde aconteceu naquele lugar e foi lá que vi, pela primeira vez, uma entidade em múltiplos tons de verde.

Alto, esguio, elegante, com olhos grandes e sorriso largo, ele me disse: "O primeiro desafio é vencer a corrida atrás do próprio rabo, o círculo interminável de repetições. A mente do homem atua como num liquidificador, mistura tudo, fazendo um giro constante. O caminho é parar e se colocar no centro, sentar, ocupar o lugar do observador, e emitir energia para as periferias, para fora."

Isso seria a geometria da abundância, de dentro para fora. O dentro é a consciência espiritual da existência além da matéria. A matéria nada mais é que um estado aparentemente mais consciente da mente.

Gerir nossas histórias, nossos recursos, vencer nossos desafios pessoais, orquestrar nossa vida são nossa primeira tarefa, já que assumimos a responsabilidade pela nossa atuação e pelas consequências dos nossos atos.

Eu tenho orgulho do modo como estou orquestrando meus recursos? Tenho sido refém ou vítima de mim mesmo, culpando os outros pelos meus próprios fracassos? Estou sendo justo comigo mesmo? Essas são perguntas fundamentais para induzir seu processo de autogestão.

TREINE SUA ALMA

Autogestão é o poder de reconhecer, desenvolver e utilizar nossos próprios recursos de maneira intencional e responsável. Quando encaramos a nós mesmos como gestores de nossa vida, assumimos o comando das escolhas que fazemos e nos libertamos do papel de vítima. O caminho da autogestão exige autoconhecimento e a coragem de olhar para si com honestidade, mas essa jornada permite que vivamos com propósito e autenticidade.

Como você pode melhorar sua autogestão? Descreva as áreas de sua vida e os primeiros passos de mudança que pode dar em cada uma delas, isto é, em sua realidade familiar, em sua realidade profissional, em sua realidade social, em sua realidade íntima e sexual, na realidade do seu eu e em seu propósito espiritual.

A autogestão envolve assumir o protagonismo sobre a vida, com consciência e responsabilidade. Proponho-lhe práticas para cultivar e expandi-la em múltiplas dimensões. Pense nas seguintes áreas: familiar, profissional, social, íntima/sexual, pessoal e espiritual.

Para cada uma delas, responda com sinceridade como costuma agir. Qual padrão de comportamento gostaria de transformar? De 0 a 10, como avalio minha autonomia e autorresponsabilidade em cada? (Depois de um mês de prática volte a esta pergunta para fazer outra avaliação).

Então desenhe um círculo dividido em seis partes, uma para cada área. Escreva os recursos que já detém com uma caneta azul e o que pode desenvolver. Ao fim, analise onde está mais fortalecido e onde pode investir.

Escreva pequenas metas com caneta vermelha e, no fim da semana, revise e ajuste-as, celebrando cada passo realizado. Não pare, pois a pratica cria músculos e excelência!

Desenhe uma representação sua como gestor dos próprios recursos. Visualize e ilustre um "painel de controle" com seus recursos internos — emoções, habilidades, pensamentos e ações — e imagine como você os coordena intencional e harmoniosamente. Imagine-se no comando, guiando sua vida com confiança e responsabilidade, e desenhe o que esse cenário inspira em você.

Escaneie o QR code abaixo e dê prosseguimento a essa jornada. Escute a Meditação 15, pensada para expandir o tema abordado neste capítulo.

16

DÉCIMO SEXTO PASSO: O código

"Seja louco o suficiente para confiar nas forças invisíveis."

Numa jornada xamânica em Sedona, nos Estados Unidos, fui conduzida a um lugar entre duas pedras, uma chamada Casa da Justiça, e a outra, Sino. Conduzi o grupo que estava em peregrinação comigo até o lugar que magneticamente me atraía, enquanto ouvia a voz do meu guia espiritual interior me guiando para um lugar isolado, longe da interferência de outras pessoas. Avistei o lugar e, quando lá chegamos, havia, cravada no chão, uma mandala feita pelas rachaduras das pedras. Era incrivelmente simétrica: um círculo no centro, e dele saíam oito partes integradas à mandala, que equivaliam ao número de pessoas do nosso grupo. Íamos trabalhar com a força de um octaedro.

Preparamos com cuidado nosso ritual, pedindo licença ao lugar e aos elementais presentes dos reinos mineral, vegetal e astral. Sintonizamos nosso interior com a frequência da extravagante beleza natural daquela região.

O ritual começou logo depois de nos sentarmos em círculo, cada um tomando sua posição na roda, indicada inconscientemente por um oráculo. A carta do Tarô que cada um tirou mostrou o código necessário para entrarmos naquele portal e levarmos para a vida. Foi incrível e profundo demais.

Quero compartilhar o código e o resumo daquela imersão. São informações muito importantes para criar a musculatura espiritual necessária para sustentar a verdade interior.

Começando pela minha esquerda no sentido horário, as cartas que saíram foram: o Louco, o Destruidor, o Órfão, o Mago, o Espaço, o Sagrado, o Guerreiro, o Imperador e o Divino.

Traduzindo o código explícito dessas cartas:

Seja louco o suficiente para confiar nas forças invisíveis. Não obstante as dificuldades do caminho, destrua tudo que o limita, começando pela posição de vítima, órfão e solitário. Assuma a magia interior e defenda seu território, seu espaço sagrado, e nele fortaleça seu guerreiro interior. Seja o comandante de sua vida para se entregar com confiança ao Divino, às mãos de Deus.

As pessoas presentes no ritual tiveram manifestações físicas como tremores, sensação de expansão e alteração de temperatura corporal, além de lembranças de suas infâncias e grandes cargas emocionais. Alguns apresentaram percepções extrasensoriais de entidades que estavam no local e todos sentiram uma leveza em seus corações e a sensação de ter que estarem mais abertos para vivenciar um amor mais genuíno percebendo o bloqueio e o peso que os julgamentos causavam em suas vidas cotidianas com as pessoas mais próximas delas.

Logo depois que realizamos esse ritual, todos ficaram comovidos e sensibilizados, e algo muito importante se materializou, revelando a armadilha que é julgar o outro e o quanto esse comportamento nubla a verdade e bloqueia a condição de elevação necessária para tocar o sino. Metaforicamente, "tocar o sino" significa confirmar seus pedidos diante dos seres mais elevados, assim como chamar a atenção de altas vibrações oriundas deles.

Porém, quando o coração está imerso em julgamento, não é possível alcançar esse lugar vibracional, presos que estamos às armadilhas da Casa da Justiça, onde você ocupa o lugar de juiz em busca de um réu para punir, segundo os próprios conceitos. Assim, o coração se torna um lugar impeditivo para a existência do amor incondicional.

TREINE SUA ALMA

A verdadeira justiça não está em julgar e condenar os outros, mas em assumir o papel de comandante de si mesmo, capaz de destruir limitações, cultivar o espaço sagrado e confiar na jornada espiritual. O julgamento nos prende em uma vibração densa, impedindo a elevação do coração e a conexão com o divino. Quando abraçamos nossa verdade e paramos de julgar, abrimos caminho para a energia do amor incondicional e nos alinhamos com as vibrações mais elevadas.

Como você pode se libertar dos julgamentos e fortalecer sua conexão com o divino, cultivando um coração aberto e pleno de amor?

Escreva abaixo uma ação diária de compaixão para alguém que você normalmente julgaria ou evitaria. Escolha uma pessoa com quem você tenha algum convívio, mesmo que distante ou até mesmo aquelas pessoas que você segue nas redes sociais e sobre as quais está sempre tecendo pensamentos e concluindo a partir do que vê, julgando a vida do outro e comparando com a sua. Busque dentro de si a percepção desse sentimento, pensamento ou comportamento que alimenta o julgamento.

Promova essa ação na prática, começando intencionalmente a limpar a sua "lente". Pode ser uma palavra amiga, um gesto de gentileza, um olhar acompanhado de um sorriso sincero – como quem diz "estou te vendo" –, ou um elogio verdadeiro, mesmo que pequeno. Refaça a leitura que tinha da pessoa, limpando a lente do julgamento, para apenas ouvir e olhar com o coração aberto e abra espaço para que a graça, leveza e justiça sejam cultivada em seu coração.

Uma dica prática: ao perceber que está julgando, dê alguns toques leves logo abaixo da sua garganta. Intencione, pense e, se puder, fale frases de liberação, como: "Eu libero todo julgamento do meu coração."

"Abro mão do julgamento e aceito e acolho a ideia de que cada ser é uma expressão do divino."

Desenhe uma representação sua em um espaço sagrado, livre de julgamentos e aberto à frequência do amor incondicional. Imagine-se cercado pelos arquétipos do Louco, do Destruidor, do Mago e do Guerreiro, que simbolizam confiança, destruição de limites, magia interior e força. Ilustre como esse estado elevado permite que você "toque o sino" da justiça divina, chamando a atenção das vibrações mais elevadas para guiar e inspirar sua jornada espiritual.

Escaneie o QR code abaixo e dê prosseguimento a essa jornada. Escute a Meditação 16, pensada para expandir o tema abordado neste capítulo.

17

DÉCIMO SÉTIMO PASSO: Julgamento

"Quando atuamos no lugar do julgamento, nosso coração é tomado por uma necessidade de fazer valer a justiça que acreditamos ser a verdadeira."

Esse tema dá pano para muitas mangas. Vencer o julgamento é uma tarefa contínua num mundo onde todos se colocam na posição de críticos das outras pessoas. Eu tive que lidar com esse cenário desde cedo. Minha infância foi marcada por comentários reprovadores da minha mãe, que julgava meu jeito de rir, brincar, falar e ser. Ela costumava debochar do meu rosto, do meu corpo e do meu cabelo e me comparava com minha avó paterna, que ela odiava. Cresci ouvindo xingamentos, e descobrir a mim mesma no meio disso tudo exigiu uma tarefa de desconstrução da forma. Desconstruir a mim mesma e me reconhecer foi essencial para que eu me encontrasse e aceitasse sem autojulgamento.

O julgamento é uma armadilha que temos que enfrentar. Vamos nos ater aqui a dois tipos de gatilhos que acionam a armadilha do julgamento dentro e fora de nós. O juízo externo começa com os conceitos de bem e de mal. Esses aspectos são uma esfera melindrosa, que nos dão a falsa convicção de que estamos certos, nos levando a cometer erros que desnorteiam nossa verdade interior. Quando julgamos, entramos numa frequência comparativa que ilusoriamente nos conduz a um lugar de poder, cheio de razão e de senso de justiça. Quando atuamos no lugar do julgamento, nosso coração é tomado por uma necessidade de fazer valer a justiça que acreditamos ser a verdadeira.

O sentimento de injustiça aciona um gatilho de raiva muito forte em nossas emoções, criando um circuito químico interior perigoso, que nos cega diante do caminho do amor incondicional — esse, sim, um sentimento de elevada frequência, que só podemos alcançar quando aceitamos que tudo que acontece faz parte de uma inclusão que nos dá acesso ao sentido de pertencimento. Assim, poderemos experimentar, por meio de nosso coração, o sentimento de união com tudo e com todos, que abre as portas para entrarmos em total interconexão.

No lugar do julgamento estão a exclusão, o castigo, o réu, a vítima e a punição. Quando exercemos esse "poder" de julgar, fazemos isso externamente, mas sentimos seus reflexos dentro de nós.

O autojulgamento, por sua vez, é o caminho da condenação interna, com direito a uma série de castigos impostos por nós mesmos. Existem muitos níveis para entendermos essa questão nos mais profundos e inconscientes estágios do ser. Quantas vezes somos mais duros conosco do que com os outros? Essa é uma armadilha que poderá nos prender por várias vidas num lugar que torna inacessível nossa relação com as esferas mais elevadas do ser. Em outras palavras, é um impeditivo para alcançarmos o estado integrativo com o todo. Presos na armadilha do julgamento, caímos na "Casa da Corte", um monumento de pedras naturais esculpidas pelo vento, e de lá não acessamos o sino que atrai a vibração dos seres de outros níveis da existência. Nessa frequência, toda a nossa energia acaba sendo usada pelos "senhores da corte", os seres de frequência mediana, que têm a intenção de manter nossas mentes em cativeiros.

Assim, ficamos impedidos de usar nosso livre-arbítrio, à mercê dos desejos desses "senhores", que gostam de dominar pelo medo. Como fazemos parte de um só tecido, o desafio de acordar e nos mantermos despertos é individual. É necessário que cada um faça sua parte e reconheça o que é a verdade, para atingir o lugar onde está seu poder pessoal.

Como sair do lugar do julgamento e do autojulgamento? Como não cair nessa armadilha? Seria importante descobrir os gatilhos internos que deterioram nossa verdade.

TREINE SUA ALMA

O julgamento é uma armadilha que nos aprisiona em um ciclo de exclusão, raiva e ilusão de poder. Quando julgamos, nos afastamos do amor incondicional e da aceitação, alimentando uma divisão interna e externa que impede nosso crescimento espiritual. O caminho para a verdadeira conexão e harmonia está em reconhecer e se libertar deles, permitindo que nosso coração se abra ao sentimento de união e pertencimento.

Quais gatilhos de julgamento você reconhece em si mesmo e pode substituir por compaixão e aceitação para viver com mais paz e conexão?

Desenhe uma representação sua em um espaço de paz, livre dos julgamentos, onde o coração está aberto à aceitação e ao amor incondicional. Visualize-se no centro, cercado por símbolos de compaixão e união, que representam a harmonia com o todo. Ilustre como essa abertura o conecta com uma frequência mais elevada e traz uma sensação de profunda integração com o mundo ao seu redor.

Escaneie o QR code abaixo e dê prosseguimento a essa jornada. Escute a Meditação 17, pensada para expandir o tema abordado neste capítulo.

18

DÉCIMO OITAVO PASSO:
Alquimista de si mesmo

"Trabalhar sobre o que está deteriorado significa dar um novo olhar, um novo sentido, uma nova estrutura, para o que é transformar merda em adubo."

Algo apodreceu e se deteriorou. Então, sob camadas e camadas de ilusões, precisamos dar tempo e espaço para examinar o que está podre em nossa existência, em nossa consciência e inconsciência. Lições apreendidas desde nossa formação embrionária ficam registradas nas mais profundas entranhas de nosso ser, no nível celular. No entanto, quando ignoramos a existência da força de ação dessas informações celulares, entramos no reino da inconsciência, que maneja toda a estrutura química de nosso ser, afetando nossa visão e percepção do mundo. Ficamos vulneráveis a cair em armadilhas de recapitulação das memórias e informações originais.

Você quer ser livre? Quer ter a consciência da verdade? Então é fundamental assumir seu lugar no mundo. Para tanto, vai precisar saber do que é feito esse lugar, como foi construído e analisar tudo com um olhar de aprendiz, sempre enxergando nos eventos desafiadores sua força interior, que crescerá para que você enfrente o que está podre em seu interior e para que trabalhe essas influências de maneira amorosa, mas reconhecendo o poder que cada uma delas tem. É preciso saber diferenciar o que está podre do que está saudável.

Trabalhar sobre o que está deteriorado significa dar um novo olhar, um novo sentido, uma nova estrutura, e assim transformar merda em adubo. Isso diz respeito a um estado de mudança de consciência que demanda energia direcionada para tal propósito. É uma alquimia poderosa, um processo de transcendência.

Aquilo que está deteriorado precisa ser renovado, e esse processo exige coragem para enfiar a mão na sujeira. É preciso separar o que pode ser aproveitado e transformado para gerar mais vida e o que deve ser descartado. Mais do que isso, é necessário descobrir o motivo da deterioração para que possamos expurgá-lo de vez.

Criamos uma musculatura espiritual forte quando olhamos para o que está deteriorado dentro de nós e acessamos novos aprendizados a partir dessa consciência. Isso é fácil? Não, porque mexer no lixo não é agradável. No entanto, quando passar pela experiência da alquimia da transformação, você conhecerá o poder dessa transformação.

Não há nada mais libertador do que assumir seu poder e reger seu universo interior como um gestor de si mesmo. Você sairá do lugar de refém ou de vítima inconsciente, interrompendo o ciclo de repetições em sua vida para assumir a posição de alquimista, que deixa de ter medo do mundo e exercita o poder de transformar a merda em adubo.

Trabalhar sobre o deteriorado é um chamado para assumir a autogestão de sua vida. A alquimia é o caminho para a transformação de cobre em ouro, capaz de mostrar a você seu verdadeiro poder.

TREINE SUA ALMA

Trabalhar sobre o que está deteriorado em nossa vida é uma tarefa desafiadora, mas essencial para a verdadeira transformação. Quando olhamos com coragem para as partes deterioradas em nós, transformamos fraquezas em adubo para um crescimento mais sólido e profundo. Esse processo de alquimia interior nos liberta da repetição de padrões inconscientes, permitindo que nosso verdadeiro poder se manifeste e que nossa essência floresça.

Que aspectos de sua vida você precisa renovar e pode transformar ao assumir a responsabilidade de trabalhar sobre eles?

Escreva uma carta para si mesmo, datada para um ano à frente, descrevendo como cada área da sua vida foi revitalizada. Seja detalhista. Assine-a com uma frase poderosa e guarde-a em um local especial. Sempre que duvidar da sua capacidade de transformação, releia-a para reativar sua potência.

Grave semanalmente um áudio relatando sua jornada de transformação. Escute as gravações antigas para perceber sua evolução e identificar a superação.

Escreva frases que você precisa ouvir para se permitir renovar. Leia e renove essas permissões ao acordar ou antes de tomar decisões importantes.

Desenhe uma representação sua como um alquimista interior, transformando aspectos deteriorados em nutrientes para o crescimento. Visualize-se em um espaço onde o velho e o novo coexistem, com elementos que simbolizam a transformação — como flores brotando de um solo fértil, por exemplo —, para representar a força e a beleza que nascem ao lidar com as partes deterioradas.

Escaneie o QR code abaixo e dê prosseguimento a essa jornada.
Escute a Meditação 18, pensada para expandir
o tema abordado neste capítulo.

19

DÉCIMO NONO PASSO:
Do cobre ao ouro

"A alquimia da transformação consiste em manter a prática das mudanças diariamente a fim de fortalecer sua musculatura espiritual – vendo, sentindo e sendo."

Quando reserva tempo para olhar as merdas acumuladas no seu interior, você cria uma musculatura espiritual resistente, vai enfrentar as partes obscuras de si mesmo, o que o levará ao autoconhecimento. Gosto de usar uma metáfora para construir esse cenário. Imagine que você está no meio de muita merda e que todos os dias as pessoas jogam mais merda no campo ao seu redor; todos os dias, mais e mais merda.

Existem algumas reações possíveis nessa situação: devolver para essas pessoas a merda que depositaram ali e com isso entrar na energia do vingador e justiceiro; se sentir uma vítima, deitar no chão e chorar; tentar se proteger, construindo muros à sua volta para que ninguém se aproxime; simplesmente lamentar; ou se anestesiar e se drogar de diferentes formas para não sentir nada.

É claro que na maioria das situações não temos ideia do que fazer. Por isso é preciso estar bem-informado, porque o conhecimento pode nos libertar, principalmente se colocado em prática.

Seguindo a metáfora da merda, existe uma técnica para operar essa alquimia, que se chama "composteira". Reunindo a merda e a mantendo coberta por um tempo, a temperatura vai subir. De tempos em tempos, você reabre e remexe o material para oxigenar. Depois muda de lugar e cobre novamente até que todo o material tenha passado por esse processo. Isso vai transformá-lo em adubo, matéria orgânica capaz de gerar mais vida e saúde e de nutrir o solo, onde muitas coisas saudáveis podem nascer.

Transpondo esse exemplo para as dores deterioradas dentro de nós, às vezes queremos encobrir o lixo, jogá-lo debaixo do tapete e não olhar mais para aquilo. Acontece que esse lixo vai apodrecer e contaminar todo o ambiente ao redor, começando pelo nosso corpo. Nossa mente e nosso coração ficarão intoxicados, o que nos impedirá de pensar, agir e ver as coisas com clareza. Não adianta fugir e fingir que não existe esse lixo dentro de você, apodrecendo e contaminando tudo.

Só é possível criar musculatura espiritual quando retiramos as lentes da ilusão e olhamos de verdade para aquilo que está putrefeito em nosso interior. Um aprendiz é capaz de criar essa musculatura remexendo suas partes apodrecidas e desenvolvendo novas conexões cerebrais que permitam expandir seus aprendizados.

É necessário abandonar a prisão dos dramas que geram efeitos bioquímicos devastadores e nos mantêm atados ao passado e fora do campo de autogestão da própria vida. Fazer a autogestão significa assumir a responsabilidade sobre a maneira como as coisas vão acontecer a partir das mudanças realizadas. São riquezas e recursos importantíssimos contidos nessa alquimia de transformação da vida.

Porém, não se engane: nada vem de fora para dentro. É de dentro para fora que vem a ajuda, a orientação e o conhecimento para você realizar a autogestão. A decisão de assumir a responsabilidade pelo que realmente importa é exclusivamente sua. A alquimia da transformação consiste em manter a prática das mudanças diariamente a fim de fortalecer sua musculatura espiritual — vendo, sentindo e sendo.

Você já decidiu quando vai começar sua transformação alquímica para alcançar a autogestão? Tem medo de não conseguir ou teme uma recaída?

TREINE SUA ALMA

Nos autoconhecemos quando enfrentamos o que está deteriorado dentro de nós. Só quando temos coragem de olhar para as sombras acumuladas em nosso interior podemos transformá-las em forças que nutrem nosso crescimento espiritual.

A verdadeira transformação ocorre de dentro para fora. Quando assumimos a responsabilidade por todas as partes do que somos, até mesmo as mais difíceis de encarar, abrimos espaço para que a autogestão nos guie em direção a uma vida mais plena e consciente.

Que aspectos de sua vida e de suas emoções você precisa "compostar" para permitir uma verdadeira transformação?

Durante uma semana, ao fim de cada dia, escreva sobre momentos em que percebeu emoções desagradáveis, atitudes automáticas ou padrões antigos. Dê nome a essas sombras e as analise. O que essa emoção ou reação queria proteger? Como poderia, ao ser compreendida e aceita, servir como adubo para sua evolução?

Separe pequenos papéis e escreva emoções, lembranças ou padrões que você sente estarem deteriorados e gostaria de transformar. Em um momento especial, coloque os papéis em um recipiente e, com intenção, faça uma "cerimônia". Rasgue, corte ou amasse-os dizendo o que você está pronto para fazer. Enterre-os em um vaso ou jardim, plantando junto sementes ou uma muda.

Visualize e desenhe a si mesmo após transformar seus bloqueios e dores em nutrientes para seu crescimento. Imagine um futuro em que você utiliza as dificuldades como ferramentas de fortalecimento, em que cada obstáculo do passado se torna um alicerce para uma vida mais equilibrada, leve e autogerida.

**Escaneie o QR code abaixo e dê prosseguimento a essa jornada.
Escute a Meditação 19, pensada para expandir
o tema abordado neste capítulo.**

20

VIGÉSIMO PASSO: Recaída

"Os desafios que surgem ao longo da jornada afinam e refinam nosso caráter, elevando o nível de nossa capacidade de aprendizado."

A evolução é o caminho natural da vida, mas cada um precisa fazer sua parte. Quantas coisas já estavam prontas ou em andamento quando você chegou a este mundo? Você recebeu muitos recursos de diferentes formas e qualidades, com os quais precisa saber lidar. Cabe a cada um enfrentar os desafios de gerir esses recursos. Os desafios que surgem ao longo da jornada afinam e refinam nosso caráter, elevando o nível de nossa capacidade de aprendizado, que fortalece nossa musculatura espiritual. Vivemos numa sociedade que deseja tudo muito rápido, saltando etapas para ir direto ao resultado final. Mas as pessoas se esquecem do que realmente importa: aproveitar o caminho e aprender com as escolhas que fazemos, a fim de chegar a algum lugar.

O processo de evolução da consciência consiste em aproveitar as revelações de cada momento vivido. Isso traz maturidade e compreensão do processo evolutivo, também chamado, metaforicamente, de despertar. São oito as fases desse **processo de despertar da consciência**:

Fase 1: a pessoa está **mergulhada na escuridão**, no fundo do poço, e cada dia cava seu buraco mais e mais fundo. Ela se percebe atolada pelas próprias ações, o que gera angústia, apreensão, solidão e desesperança.

Fase 2: a pessoa toma conhecimento de que está nesse lugar escuro e miserável e de que é a responsável por toda merda que está acontecendo em sua vida. Então, decide **parar de cavar o poço**. Isso traz uma mudança, alivia e o ajuda a se sentir melhor.

Fase 3: a pessoa começa a **buscar conhecimento**, ferramentas e estratégias para sair do fundo do poço. Alimenta-se de coisas novas que promovem a esperança, mas sabe que ter esperança não significa aguardar que alguém jogue a corda para salvá-la. Ela entende que somente por meio do próprio esforço poderá sair daquele buraco.

Fase 4: a pessoa começa a escalar as paredes do poço, usando os pés e as mãos. Consegue subir um metro acima da lama. **Encarar esse desafio** gera uma sensação agradável de poder, força e determinação. Percebendo a diferença entre os estágios anteriores, a pessoa aumenta seu esforço para avançar mais um pouco e chegar mais alto.

Fase 5: pode acontecer a primeira recaída, e a pessoa despencar lá de cima para o fundo do poço, enlameando-se como na fase inicial. Nesse momento, dois sentimentos disputarão a primazia do coração. Um deles é provocado por autojulgamentos e desesperanças, devido à queda. Virá uma sensação de impotência, pois a pessoa pensará que estava evoluindo mas voltou ao ponto inicial. Isso vai gerar certa decepção consigo mesma e fazer com que deseje desistir, tentando se convencer de que seu esforço não vale a pena. O outro sentimento é uma comparação do fundo do poço com o novo lugar onde esteve quando conseguiu evoluir um pouco. É natural admitir que gostou de experimentar um novo lugar e que deseja mais uma tentativa na escalada. A pessoa criou músculos e já sabe onde melhor se apoiar na subida. Adquire força e mais motivação, **valorizando as pequenas conquistas** feitas até aquele momento.

Fase 6: a pessoa está forte, determinada e tem mais conhecimento para seguir subindo mais e mais até atingir a metade do caminho, e **consegue ver a saída** lá no alto. No entanto, quando menos espera, escorrega e cai novamente.

Fase 7: com a segunda recaída, voltando ao fundo do poço, o **autoperdão** fica cada vez mais difícil. A pessoa pensa: eu estava indo tão bem, mas algum gatilho interno colocou abaixo todo o trabalho. Então, ela começará a duvidar de si mesma, imaginando que não é possível sair do buraco. Quer desistir da escalada evolutiva e voltar a cavar mais fundo. No entanto, tendo experimentado outros estados de consciência e sentido frequências mais elevadas, sabe que precisa seguir em frente. Decide, assim, **abraçar a si mesma** em vez de se julgar, e acolhe todos os progressos obtidos em sua escalada — mesmo que tenha caído algumas vezes.

Fase 8: a pessoa reconhece que suas quedas funcionaram como molas que aumentaram sua força interior, despertando sua autoconfiança e seu amor-próprio. Isso lhe permitiu acessar a humildade do coração, e a sensação de ser espiritual que tem o poder divino dentro de si. Quando começa a reconhecer sua maestria, ela aceita a recaída como algo que faz parte do caminho, um teste para **aprender a lidar consigo mesma.**

Re = de novo + **caída** = queda.

Só cai de novo quem tentou se levantar, mesmo que por pouco tempo. Esse entendimento aumenta o valor pessoal e marca o caminho de uma longa amizade consigo mesmo. Em outras palavras, seu *eu interior* harmoniza-se com seu *ego exterior*.

Dessa maneira a pessoa segue mais forte, mais humana, mais empática, mais humilde, sem temer as recaídas, porque sabe que elas fortalecem sua determinação de transformação. Fica claro que o movimento é ascendente. Então, bendita seja a recaída, que nos fortalece e eleva. O maior aprendizado é ter consciência de que cada um pode escolher entre viver no caos ou acessar o cósmico.

TREINE SUA ALMA

As recaídas fazem parte do processo de evolução, pois é nelas que encontramos forças escondidas e aprendizados que fortalecem nossa determinação. Cada queda nos lembra dos progressos que já fizemos e nos dá a oportunidade de acolher nossas limitações com compaixão. O caminho para o autoconhecimento é repleto de altos e baixos, e, ao aceitarmos as recaídas como parte do crescimento, avançamos com compaixão, mais humanos e mais fortes.

Como você pode acolher suas recaídas e compreendê-las como oportunidades de fortalecimento e aprendizado em vez de vê-las como falhas?

Desenhe uma representação de si mesmo escalando o "poço da evolução", com símbolos de força e perseverança ao seu lado. Inclua as recaídas como trampolins ou molas, que o impulsionam ainda mais alto a cada desafio superado. Ilustre como cada tentativa fortalece sua determinação e o aproxima de um estado de paz e autoconfiança.

**Escaneie o QR code abaixo e dê prosseguimento a essa jornada.
Escute a Meditação 20, pensada para expandir
o tema abordado neste capítulo.**

21

VIGÉSIMO PRIMEIRO PASSO:
A lente

"Você poderá fazer qualquer escolha e, ainda assim, terá a oportunidade de aprender."

Esta vida vale a pena? Para que tanto esforço se vamos morrer? Será que existe vida depois daqui? São perguntas que fazemos a nós mesmos geração após geração. Vamos então decidir sobre a premissa da qual podemos partir para refletir sobre o valor da vida. Podemos acreditar que a vida é cósmica ou caótica. Mas será que é questão de escolha? Se você olhar para a vida como um caos, verá caos em todo lugar e vai atraí-lo para sua vida. Se olhar para a vida como cósmica, verá maravilhas na forma de muitos sinais e símbolos de elevado padrão de beleza para se conectar com o cosmos. Então é preciso estabelecer o que entendemos por "vida" para que possamos seguir refletindo e criando mais musculatura espiritual.

Se chamamos de vida a própria expressão da natureza, a presença do invisível, chegamos à conclusão de que a vida é bela em todas as suas manifestações, seja uma tempestade, seja uma colônia de bactérias; poderemos ver a manifestação da beleza em diferentes formas geométricas, poéticas e artísticas. A expressão vem do belo, da inusitada matriz divina do mundo invisível diretamente para o mundo das formas.

Se chamarmos de vida a expressão do resultado do livre-arbítrio dos homens, que criaram uma sociedade adoecida pelo egoísmo, que por sua vez gerou aspectos de dor e limitações para muita gente, então certamente essa vida será para nós um caos.

Primeiro, você precisa se alinhar com o que realmente é vida na sua percepção, e se sintonizar com o sentido dos elementos que existem em seu coração para, a partir desse ponto, definir a sintonia com os símbolos de acordo com sua visão.

Depois, você escolhe aprender a falar a língua da vida, que o conduzirá a uma evolução no mundo dos sentidos. Quando aprendemos a ouvir a linguagem da vida, entendemos que ela nos leva na direção da humanidade. A verdade é que você poderá fazer qualquer escolha, e ainda assim terá a oportunidade de aprender. Se escolher que a vida é um caos, ficará dando volta em círculos, refém da estupidez e da psicopatia social. Existem muitos aprendizados nesse lugar, que podem ser dolorosos e durar muitas vidas, mas em algum momento você vai chegar aonde precisa.

Se você escolher olhar para a vida como cósmica, ela vai lhe apresentar um mapa inteligente capaz de levá-lo a um ideal humano. Haverá uma evolução repleta de aventuras maravilhosas, mesmo que haja momentos dolorosos, porque a dor não é necessariamente algo que devemos evitar, nem do qual devemos fugir. Ela serve para aprendermos a nos relacionar de maneira profunda e transformadora.

É claro que, para dar esses passos, é fundamental assumirmos a responsabilidade pelas nossas escolhas, tornando-nos mais maduros. Isso significa sairmos do papel de vítima e nos responsabilizarmos pelos caminhos que tomarmos.

TREINE SUA ALMA

A maneira como vemos a vida molda nossa experiência e influencia nossa percepção do mundo ao redor. Escolher ver a vida como uma expressão cósmica nos abre para as belezas ocultas e os padrões divinos presentes até mesmo nos momentos de dor e desafio. Essa escolha nos convida a viver com mais presença e a aprender com cada experiência, nos conectando ao nosso propósito mais elevado. Por outro lado, enxergar a vida como caos nos aprisiona em ciclos de descontentamento e alienação.

Como você pode começar a ver a vida de maneira mais cósmica, acolhendo cada experiência como parte de um mapa divino que guia seu crescimento?

Pegue uma folha grande e desenhe o contorno de uma galáxia ou constelação imaginária. Em cada estrela, escreva uma experiência marcante — positiva ou desafiadora. Ao lado de cada uma, anote o que aprendeu ou no que a vivência o transformou. Observe como cada "estrela" faz parte do todo e que cada evento é uma peça vital de sua evolução. Guarde ou exponha o mapa como lembrete da sua trajetória.

Durante uma semana, escreva diariamente sobre coincidências ou pequenos milagres que acontecerem no seu dia. Ao final da semana, leia o que anotou e busque padrões ou mensagens com significados maiores.

Pergunte-se: o que o universo, a vida ou o "mapa divino" está tentando lhe mostrar?

Desenhe uma representação sua em harmonia com o cosmos, na qual a vida é vista como uma grande sinfonia de eventos e símbolos interligados. Imagine e ilustre a beleza dos padrões que você percebe ao seu redor, com estrelas, ondas de energia ou mandalas, representando seu alinhamento com uma visão cósmica.

Escaneie o QR code abaixo e dê prosseguimento a essa jornada. Escute a Meditação 21, pensada para expandir o tema abordado neste capítulo.

22

VIGÉSIMO SEGUNDO PASSO: Escolhas

"Quando decide sair do piloto automático, você evolui de uma aparente vida caótica para uma vida extraordinária."

A teoria da responsabilidade vem da filosofia estoica. Marco Aurélio, importante filósofo estoico do século II, dizia: "Nada acontece ao homem que não seja próprio do homem." Nada vem por engano, tudo traz oportunidades de crescimento. Cada defeito carrega um desafio de autossuperação. Na prática, podemos atrair experiências de vida que criarão nossa musculatura espiritual para ir lapidando a alma por meio de nossas escolhas, atitudes, posturas, ações, reflexões e resultados internos. Por meio da clareza e da compreensão das consequências dos fatos e de seus impactos nos envolvidos, direta e indiretamente, seremos responsáveis por nossas escolhas.

O tipo de vida que vamos ter é a primeira dessas escolhas. A vida em si é direcionada para a evolução. A existência do belo e do harmônico tem um sentido pedagógico, em que as experiências repetitivas vêm nos dizer sobre algo que ainda não foi profundamente aprendido e incorporado pelos nossos corações de aprendizes. Não basta dizer o que se aprendeu; é preciso agir e criar um campo real, manifestando o resultado desse aprendizado.

Quando olhamos para a vida como manifestação mágica, cósmica, devemos abrir o coração e todos os nossos sentidos para perceber os sinais. Para isso, porém, é importante aprender a ler os símbolos. A linguagem simbólica é a mais antiga que existe e pode ultrapassar dimensões, eras e culturas para além da mente humana. Os símbolos dialogam profundamente com o plano das ideias.

Quando decide sair do piloto automático, você evolui de uma aparente vida caótica para uma vida extraordinária, a da magia cósmica. Assim, inevitavelmente acessa a sensibilidade necessária para entrar em contato com os símbolos do sutil, que revelam elementos e abrem novas visões sobre outras possibilidades.

Só tenha cuidado para não ficar vendo símbolos em tudo, de maneira distorcida, criando interpretações que nutrem ilusões egoicas. Você pode se perguntar: como saber se um símbolo é realmente significativo ou se é apenas fruto da nossa imaginação tentando justificar nossas próprias loucuras? A resposta está em observar a natureza, que sempre segue as leis da vida sem se desviar.

No Oriente, existe o conceito de *dharma*: uma espécie de lei universal, como se fosse o braço de Deus guiando o Universo rumo à evolução.

O ser humano, por ter livre-arbítrio, pode escolher se afastar desse caminho evolutivo, tomando atitudes que não contribuem para o bem de todos, o que significa ir contra o *dharma*.

Quando agimos movidos apenas por desejos egoístas, acabamos gerando consequências negativas, conhecidos como *karmas* negativos.

A natureza é sempre bela, e isso é *dharma*. As ações dos homens em geral são *karmas*. Os símbolos sempre apontam para o ideal humano mais nobre, o *dharma*. Se apontam para a zona de conforto, para a preguiça, para a debilidade e para fantasias, então estão gerando *karmas*, que aprisionam os seres humanos na ilusão.

Se a pessoa não estiver atenta, as coisas fluirão para o plano kármico mais baixo, e será necessário muito esforço para trazer sua consciência a uma frequência mais elevada, ou seja, ao *dharma*. Este é o exercício de criar musculatura espiritual: usar o esforço do querer para elevar o padrão, em vez de simplesmente se deixar arrastar para o mais baixo nível vibratório, em que está a maioria das pessoas.

Antes de conhecer a teosofia e a filosofia, eu vivia presa a crenças muito arraigadas, porque fui educada segundo valores estritos da religião católica. Minha mãe tinha como certa, por exemplo, a história de Adão e Eva. Criada sob as ameaças de um Deus punitivo e de um lar repressor. Quando era pequena eu acreditava que ele estava me vigiando; eu temia até mesmo tirar a roupa no banheiro, já que ele estava em todos os lugares. Era natural, então, que a presença de Deus na minha mente me apavorasse, pois eu o imaginava vigiando e censurando meus pensamentos e sentimentos. Depois de muitos eventos dramáticos na infância, pelos quais culpei a Deus e à igreja, a adolescência foi um período de revolta. Até que encontrei a filosofia e compreendi que não estava louca sozinha. Enxergar o mundo sob uma perspectiva diferente me libertou das correntes aprisionantes dos dogmas, e esse foi o primeiro passo para eu assumir a responsabilidade sobre minha vida e encontrar Deus em outro lugar.

TREINE SUA ALMA

Assumir a autorresponsabilidade é compreender que somos os criadores de nossas experiências e que cada escolha nos aproxima ou nos afasta de nosso ideal mais elevado. A responsabilidade é um caminho de autossuperação, em que cada ação e pensamento podem nos alinhar ao *dharma* – a evolução natural e bela da vida. A escolha consciente de ver a vida como um espaço de aprendizado e crescimento nos permite interpretar os símbolos e sinais do universo com clareza e propósito, evitando as ilusões e a descida ao caos do *karma*.

Como você pode assumir mais autorresponsabilidade em suas escolhas e ações para viver em sintonia com o *dharma* e se aproximar do seu ideal mais elevado?

Desenhe uma representação sua no caminho da autorresponsabilidade, conectado a símbolos de sabedoria e evolução que refletem seu compromisso com o *dharma*. Imagine e ilustre como você se sente ao viver de maneira intencional, alinhando suas escolhas ao bem universal e criando um caminho de harmonia e crescimento.

Escaneie o QR code abaixo e dê prosseguimento a essa jornada. Escute a Meditação 22, pensada para expandir o tema abordado neste capítulo.

23

VIGÉSIMO TERCEIRO PASSO:
O poder da intenção

"A tendência é que determinados sentimentos recriem novos cenários que se repetem, trazendo à tona elementos que precisam ser vistos, ouvidos, sentidos e acolhidos."

Intenção é aquilo que se pretende fazer, um plano, uma ideia, aquilo que alguém deseja alcançar de forma consciente ou não. Vamos refletir sobre essa palavra: IN + atenção + ação. O prefixo "in" quer dizer "dentro" e também sugere "intento", vontade de fazer, de chegar a um objetivo. Então, uma formulação possível seria: "dentro de mim, tenho a vontade de fazer algo". Isso é "intenção".

Podemos entender a intenção em três níveis de atuação:

A primeira intenção é a pública, a explícita, quando sabemos do que se trata e podemos falar claramente a respeito.

A segunda intenção é a que está por trás da história contada, que faz parte de um desejo pessoal mais íntimo e implícito.

A terceira intenção é a secreta, aquela que vem do coração com memórias inconscientes, que revelam algo fora do conhecido que muitas vezes não percebemos.

Vejamos um exemplo:

— Por que você trabalha tanto?

— Minha primeira intenção é conduzir um trabalho de excelência para ser promovida a um cargo mais elevado e ter mais recursos, para que minha família e eu possamos viver mais tranquilamente. Minha segunda intenção é ter dinheiro suficiente para nunca mais precisar de ninguém. Minha terceira intenção é sair da dor do abandono, que me fazia sentir sozinha quando precisava de alguém e não encontrava.

O que acontece na terceira intenção pode prover mais força para alcançar seu objetivo. Mas essa força pode ser violenta, no sentido de concordar em fazer qualquer coisa, mesmo que seja imoral ou inescrupulosa, para atingir o objetivo.

Essa intenção pode ainda criar elementos sabotadores, se a ferida que existe no corpo emocional foi mal trabalhada ou nem chegou a ser acessada. A tendência é que determinados sentimentos recriem novos cenários que se repetem, trazendo à tona elementos que precisam ser vistos, ouvidos, sentidos e acolhidos. Só assim novos aprendizados poderão existir.

Inconscientemente, pode existir a intenção secreta de sabotar os planos de conquista para não conseguir atingir o objetivo: "Realmente fui abandonada, fiquei sozinha e não consegui a promoção." Dessa forma, o sentimento retorna ao cenário original e acaba se repetindo, com um resultado frustrado.

Existem muitas possibilidades de abordar o tema, mas o importante é ter em mente que questões mais profundas podem interferir em nossas intenções, assim como na qualidade de nossas ações. É preciso estar atento aos resultados das ações e à maneira de conduzi-las diante de cada escolha.

Para criar musculatura espiritual, é importante se perguntar: Qual é minha intenção com esse objetivo? Escreva a resposta e depois se pergunte: Qual é minha segunda intenção? Sinta e faça a mesma pergunta até surgir a resposta, depois vá para o terceiro nível e se pergunte: Qual é minha terceira intenção com esse objetivo?

Quando encontrar sua terceira intenção, reflita sobre o modo como ela tem movido sua vida, travando o fluxo e trazendo ao momento atual algo relevante dos cenários anteriores já vividos e que precisam ser curados.

O poder da intenção é muito grande. Então, trabalhando nesses três níveis, vamos alinhar nossas intenções. Caso contrário, poderemos gastar uma parte de nossa energia direcionando-a para um resultado e usando as camadas mais profundas de nossa intuição para sabotar um objetivo consciente, o que acabará nos levando para armadilhas inconscientes.

Depois de investigados os três níveis da intenção, direcione sua atenção para onde deseja manifestar na matéria aquilo que está em seu coração.

Particularmente, me vi muitas vezes enredada nessa armadilha, porque a intenção que me movia estava ligada às dores de minha infância e adolescência. Eu queria fugir da casa dos meus pais e de mim mesma. Então patinava sem sucesso na vida. Chegava a obter resultados em minhas ações, mas não eram verdadeiramente tranquilizadores, porque estava usando meu poder contra mim mesma.

Depois de fazer mergulhos profundos no mundo das verdadeiras intenções dentro de mim, percebi que estava reafirmando as dores da minha criança. Entrando nesse plano, mergulhei nível após nível e consegui limpar e acolher essas dores, criando novos caminhos de aprendizado.

Isso mudou tudo, porque a força de minha intenção em cada ação foi ajustada para a direção indicada por meu coração. Então, resultados incríveis começaram a acontecer. E o mais importante é que eu estava em paz comigo mesma, sabendo o que queria fazer, como, por quê e para quem. Isso fortaleceu meu propósito.

Para avançarmos nesse superpoder, vamos precisar lutar contra as máscaras que o ego usa para se proteger das dores antigas, impedindo a projeção de quem somos de verdade.

TREINE SUA ALMA

A intenção é uma força poderosa que guia nossas ações e escolhas, mas, para usá-la de forma verdadeira, precisamos olhar profundamente para suas camadas. Frequentemente nossa intenção consciente esconde desejos mais profundos e feridas que, se não forem acolhidas e curadas, podem sabotar nossos objetivos. Quando reconhecemos e alinhamos as intenções em seus diferentes níveis, conectamos nossas ações à nossa verdade interior, fortalecendo o propósito de forma genuína e alinhada com nosso coração.

Quais são as intenções mais profundas que estão guiando suas ações hoje? E como você pode alinhá-las para viver com mais autenticidade e propósito?

Desenhe uma representação de sua intenção em três camadas, visualizando cada nível — público, íntimo e secreto — como círculos concêntricos em direção ao seu coração. Ilustre o alinhamento desses níveis criando uma força harmoniosa, que conduz você a seu verdadeiro propósito e promove paz interior.

Escaneie o QR code abaixo e dê prosseguimento a essa jornada.
Escute a Meditação 23, pensada para expandir
o tema abordado neste capítulo.

24

VIGÉSIMO QUARTO PASSO:

Alinhamento chave: Eu e Ego

"Um mundo dominado pelo ego tem uma cara muito diferente de um mundo regido pelo eu."

O *ego* e o *eu* precisam estar alinhados. Há quem diga que é preciso matar o ego para que o eu verdadeiro possa se manifestar. Esse é um debate que traz muitas coisas à tona, e podemos abordar o assunto de diversas maneiras para saber quem tem ou não razão. Mas essa me parece uma armadilha intelectual. Prefiro compartilhar minha própria visão, segundo meus estudos cosmológicos. Parto da premissa de que pai e mãe não criam a alma, aquilo que entendemos como o ser único e genuíno que também se pode chamar de consciência ou essência. No entanto, para não me perder em palavras, prefiro me ater àquilo que mantém o corpo vivo; quando essa substância etérea se vai, o corpo morre.

Gosto de pensar que *eu sou* aquela que dá vida ao corpo, e não o contrário. *eu sou* um corpo que dá lugar ao mistério abstrato chamado vida. *Eu sou aquela que aqui está*. E onde estou? Num corpo, que é um veículo para que o abstrato *ser* possa se manifestar neste mundo das formas. Assim, eu me identifico como essência sagrada e abstrata, que nomeio como *eu*, num corpo concreto, que nomeio como *ego*.

Se o ego é um veículo para a manifestação da essência, então não posso matá-lo, porque sem ele eu não teria como manifestar, neste mundo das formas, a materialização de cada escolha fruto de minhas decisões. Assim, o ego também não pode viver sem a alma, mas pode aprisioná-la e torná-la uma refém mantenedora da casca egoica, ou seja, da personagem humana.

Nesse caso, a alma seria uma bateria para manter a vida miserável e ordinária orquestrada pelos conceitos do ego. Ele quer sempre viver em sua zona de dominação, ou seja, preso ao passado, fazendo comparações e julgamentos; ou no futuro, onde as expectativas alimentam as mais doces ilusões e os desesperos angustiantes. Onde o ego não gosta de viver? No presente, porque ele não tem força no agora e só é fortalecido por uma ilusão de controle e comando.

Temos o ideal e o real. O real diz que o mundo está em movimento para o ego estar no comando, gerando mais competição e comparação, subjugando e ultrapassando o outro, enquanto o caminho do eu é o da beleza e da evolução, que aponta para a colaboração, o companheirismo, a partilha e a generosidade. Um mundo dominado pelo ego tem uma cara muito diferente de um mundo regido pelo eu.

Quando o *eu sou* está consciente de sua passagem pela Terra e do quanto é importante deixar seu legado, experimenta suas escolhas e aprende com elas. A percepção da vida se dá num sentido muito mais coletivo e integrado com o todo. Assim, é possível se sentir parte do todo e aceitar que tudo e todos fazem parte da mesma totalidade.

Então, este é o desafio: vencer o próprio ego e se aliar a ele para poder evoluir; ter nele um lugar de comando, de maneira madura e justa, com acordos claros; sair da guerra do "quem serve a quem?" e ter clareza de que só assim o ego e o eu podem desfrutar da evolução juntos, cada um ocupando seu lugar.

Eu me lembro muito bem da primeira vez que saí do meu corpo. Eu era bem pequena, e aconteceu em plena sala de aula. Era um dia normal no pré-primário (assim se dizia naquela época) até que em certo momento o som do ambiente mudou; ficou um siliencio, parecendo que tinham tapado os meus ouvidos. Então eu vi um dos meus amigos invisíveis.

Eu os chamava de amigos porque já tinha visto seres como aquele em outros momentos. Nesse dia, porém, o meu amigo estava ao lado de dois companheiros também coloridos, todos diferentes entre si. Eles me deram a mão e eu saí do meu corpo como alguém que faz um mergulho no mar. Meu corpo ficou ali sentado na carteira, paralisado, olhando para o nada, enquanto eu viajava com aqueles seres. Visitamos um lugar que não sei descrever, mas a imagem me lembrou um rádio antigo, nas cores marrom e bege, com botões redondos em seu painel. E então eles me explicaram algo mais ou menos assim: "O corpo é como um rádio. Ele é um aparelho que transmite informações que vêm do invisível para que elas se manifestem no físico. Você precisa saber que sintonizar o rádio é o primeiro passo para superar a limitação física. Um rádio fora da estação não consegue dar espaço para as ondas se manifestarem. Com o ser humano acontece a mesma coisa: enquanto ele não reconhece que é um aparelho que precisa ser sintonizado, faz ruídos sem sentido." E hoje eu sei que o ego, quando está desconectado do eu, alimenta ideias vagas e envia mensagens sem nexo.

TREINE SUA ALMA

O ego e o eu são duas facetas essenciais de nossa existência no mundo. Enquanto o ego é o veículo que permite manifestarmos nossa essência, o eu é a consciência que dá sentido e propósito às nossas ações. O verdadeiro desafio não é destruir o ego, mas alinhá-lo com o eu, de modo que ambos trabalhem em harmonia. Quando o ego se submete ao eu, nossa vida se torna uma expressão autêntica, movida por colaboração, compaixão e crescimento.

Como você pode alinhar seu ego com seu eu verdadeiro para que suas ações reflitam sua essência e seu propósito?

Desenhe uma representação de si mesmo com o ego e o eu em harmonia, duas partes interligadas mas distintas. Imagine o ego como um veículo (por exemplo, um barco, um carro, um animal) que serve ao eu, guiando-o pelo caminho da evolução. Ilustre o eu como uma luz ou guia interior que direciona o ego, e mostre que essa parceria possibilita uma jornada mais rica e alinhada com sua verdadeira essência.

Escaneie o QR code abaixo e dê prosseguimento a essa jornada.
Escute a Meditação 24, pensada para expandir
o tema abordado neste capítulo.

25

VIGÉSIMO QUINTO PASSO: Desfrutar

"A ideia de merecimento se associa a virtudes, que são avaliadas e julgadas pelos outros, e ao autojulgamento, por meio do qual avaliamos se somos ou não merecedores de algo."

Temos uma ideia equivocada sobre os conceitos de desfrutar e celebrar. As pessoas acreditam que só podem usufruir e celebrar quando chegam ao final da jornada e alcançam o sucesso tão esperado. Existem crenças que nos impedem de fazer uso desses valores em seus mais profundos sentidos. Isso porque houve uma distorção, ao longo do tempo, promovida por culturas, educação e religiões, que nos levou a acreditar que só seremos merecedores de desfrutar e celebrar algo depois de muito esforço.

A ideia de merecimento se associa a virtudes, que são avaliadas e julgadas pelos outros, e ao autojulgamento, por meio do qual avaliamos se somos ou não merecedores de algo. Em certa versão religiosa, diz-se que Jesus morreu para nos salvar, e então nos questionamos: o que vamos fazer, já que Ele morreu por nós?

Perceba que a mensagem implícita nessa crença nos ata a um sentimento de culpa. E como pode haver celebração com sentimento de culpa? Como posso me sentir merecedor se estou envolvido na culpa por algo ruim?

Essa confusão obscurece nossa maneira de lidar com o simples fato de que cada momento vale a pena ser desfrutado e celebrado. Fazê-lo é estar presente para sentir cada momento; não há como desfrutar algo quando estamos ansiosos na expectativa do futuro. Quando nos damos o direito de desfrutar cada momento, o paladar, o olhar, o ouvir e o sentir estabelecem conexões mais profundas com o mundo sensorial e com o astral. Mas, se estamos afastados, enredados nas malhas da ansiedade, do "aguardar o resultado para ficar tranquilo", cada momento parece torturante, e essa é uma grande armadilha.

Não existe um lugar para chegar e estar tranquilo, porque sempre haverá algo com que teremos que lidar e que poderá gerar medo — medo de que aquilo que foi conquistado acabe, se perca ou seja tirado de nós; então, a angústia alimenta o medo do desconhecido e gera apreensão, que é o oposto do desfrute.

Para criar a musculatura espiritual, é preciso desfrutar de cada momento, inclusive dos difíceis, a fim de alcançar outro nível de consciência, sem anestesias e sem distrações. E quando eu consigo desfrutar aprendo o caminho do celebrar. A celebração, mesmo que de pequenas conquistas — como o fato de ter terminado um dia ou cumprido uma tarefa, por mais simples que seja —, é um ato de gratidão e de conexão com as mais elevadas frequências da justiça e da verdade. Ela é permeada por valorização, reconhecimento e leveza; uma maneira lúdica de trazer a criança interior e o ego ao lugar de reconhecimento pelo seu esforço.

Para celebrar, não existe a necessidade de dar uma festa de arromba, nem de encher a cara com um grupo de amigos, caso essa seja a referência de celebração que lhe ocorre. Celebrar, na verdade, é colocar o coração em festa, num estado de entrega e felicidade partilhada com amigos, com a natureza. E isso pode acontecer quando abraçamos uma pessoa, quando rimos, bem como quando fazemos algo de que gostamos, agradando nossa criança interior de maneira leve e sutil. Você pode escrever uma lista do que gosta de fazer e do que lhe dá satisfação e alinhá-la com a sensação de celebração.

Por exemplo, eu adoro pipoca doce, então hoje vou celebrar o término de minhas tarefas comendo pipoca doce. Muitas coisas que nos dão prazer e satisfação podem ser incluídas como elementos de celebração. Diferentemente de comer pipoca doce por prazer puro e simples, posso comê-la para celebrar.

Mas nem sempre funcionou assim para mim. Na minha infância, desfrutar do momento e ficar sem fazer nada só me foi permitido até os 6 anos. Depois disso, várias tarefas domésticas passaram a ser atribuição minha. Eu tinha que arrumar a casa e cuidar dos meus irmãos mais novos. Sendo a responsável pelo bem-estar deles, eu era repreendida caso se machucassem em alguma brincadeira, por exemplo. Bastava eles chorarem para eu apanhar, e minha mãe dizia que isso era para que eu aprendesse a ser responsável. Fui ensinada, então, a assumir a responsabilidade por outras pessoas, sem nunca parar de me doar a elas. Sempre que me via sentada, minha mãe aparecia com um saco de feijão para eu "deixar cair as pedras", isto é, para que eu separasse os grãos das pedrinhas e outras impurezas (antigamente passávamos um bom tempo escolhendo feijão). Ela dizia: "Enquanto descansa, carrega pedra." O resultado foi que eu cresci sob esse comando e não permitia ter momentos para desfrutar; e assim continuou por anos. Foi somente com a chegada da maturidade e do autoconhecimento que me comprometi comigo mesma e passei a me tratar com carinho, priorizando meu bem-estar.

Entenda, quando você disser "vou celebrar a vida deitada, desfrutando de um adorável olhar para as nuvens", naquele momento você estará se nutrindo do estado de celebração do ser. Acredite que merece celebrar, porque você é fruto da criação divina.

Então, desfrute e celebre a vida. Utilize esses valores diariamente e presencie milagres!

TREINE SUA ALMA

Desfrutar e celebrar são atos de presença e gratidão que nos conectam profundamente com a vida. Acreditar que a celebração só é merecida depois de grandes conquistas é uma armadilha que nos priva de valorizar os momentos simples e os pequenos triunfos cotidianos. Quando nos permitimos desfrutar de cada instante, inclusive os momentos desafiadores, e celebrar nossas pequenas vitórias, abrimos espaço para a gratidão e a alegria de viver. Celebrar é uma escolha diária que nutre nosso ser e nos conecta com o que realmente importa.

Como você pode incorporar a prática de celebrar pequenas conquistas e desfrutar de cada momento, transformando-os em fonte de alegria e gratidão?

Desenhe uma cena que represente você celebrando um momento simples de alegria, por exemplo, observando o céu, abraçando alguém ou saboreando uma comida que aprecia. Imagine e ilustre como cada pequeno ato de celebração enche seu coração de gratidão, transformando a rotina em uma série de momentos significativos e agradáveis.

Escaneie o QR code abaixo e dê prosseguimento a essa jornada.
Escute a Meditação 25, pensada para expandir
o tema abordado neste capítulo.

26

VIGÉSIMO SEXTO PASSO:
Preciso & precioso

"O espírito materialista precisa ser transmutado para um espírito que viva na presença do eu."

Você já parou para pensar no tempo e na energia que gastamos fazendo coisas que julgamos necessárias para sobreviver? Já parou para pensar que tudo parece cada vez mais pesado, porque o resultado, mesmo quando é lucrativo em termos financeiros, não agrada nossa alma e nosso coração? O que agrada nossa alma e nosso coração certamente está relacionado àquilo que é possível levar deste plano quando chegar a hora de nossa partida da matéria. Isso quer dizer que existem elementos preciosos que ignoramos para conseguir coisas que nos ocupam cada vez mais, geram estresse e mudam a ordem de lugar.

Sinto que a ideia de "sobrevivência" nos faz agir no piloto automático, sempre lutando para nos mantermos vivos. Mesmo pessoas que conseguem muito dinheiro continuam na vibração miserável, distantes do que realmente importa. Por isso, mais e mais medicamentos são produzidos pela indústria farmacêutica para anestesiar sintomas que revelam que algo está fora do lugar.

O espírito materialista precisa ser transmutado para um espírito que viva na presença do eu. A matéria deve cumprir seu papel de nos servir para que possamos ter energia, tempo e vontade para dar atenção ao que

é realmente precioso em nossas vidas. Precisamos estar atentos, porque é nos momentos preciosos que encontramos verdadeiramente o outro. E tais ocasiões podem nunca mais se repetir.

A sociedade moderna está à beira de um colapso, por conta de uma desordem de valores gerada pela distorção da ideia de dar a vida para ter coisas. Fazer de tudo para ter mais coisas é uma distorção da ideia de conquista. Então, acabamos servindo às coisas, em vez de elas nos servirem. Para tanto, abrimos mão dos bens mais preciosos que temos. Só podemos viver no presente estando em estado de presença. Mas, para alcançar tal estado de consciência, o despertar é fundamental.

Por muito tempo eu vivi essa distorção de valores; não conseguia ver a verdade essencial em mim. Estava ferida e machucada pelos traumas de minha vida, que me impulsionavam freneticamente numa direção enlouquecedora. Perdi momentos preciosos por estar numa frequência equivocada, fugindo das dores mais profundas, tentando me anestesiar com trabalho, tarefas, bebida etc.

Quando fui confrontada comigo mesma, olhando para o espelho mais profundo de minha alma, vi a verdade nua e crua. Eu estava machucando aqueles que eram mais preciosos para mim, inclusive a mim mesma. Tudo para seguir o plano insano de chegar a um lugar "seguro e estável".

Por isso dou graças a todo o treinamento xamânico que fiz, me colocando no limite de minhas forças, para enfrentar meus medos e arrancar as máscaras que criei para me esconder de mim mesma, disfarçar o medo e a dor que regiam meu coração e encontrar o que de real e precioso há aqui dentro.

Você pode estar pensando: então, não devemos fazer o que é preciso, ou seja, gastar tempo com as coisas ordinárias que sustentam nosso dia a dia? Na verdade, é preciso ter a clara noção dos valores daquilo que se está fazendo – por quê? para quem? –, colocando sempre as prioridades na base de suas decisões e escolhas e definindo a melhor maneira de executar suas ações.

Desse modo, o sentimento de cuidar do que é precioso lhe fará usar seus recursos mentais e físicos de maneira direcionada para atingir seu objetivo. A escolha consciente das prioridades será importante para tudo aquilo que é precioso em sua vida.

O cuidado que você deve ter é para não se perder e trocar a ordem dos valores reais. Assim, cada momento vivido com o que é precioso será valorizado, experimentado e vivenciado na prática. Não se trata de quantidade de tempo e sim de qualidade de tempo direcionado ao que é realmente precioso.

O que é realmente precioso para você? A saúde física? Mental? Emocional? Espiritual? Seus filhos? Sua família? Dinheiro? Trabalho? Priorizando aquilo que é precioso, você poderá estabelecer um fluxo na vida material e, ao mesmo tempo, dar acolhimento ao emocional.

Não é preciso descartar as necessidades humanas básicas: viver bem, morar, comer e se sustentar. No entanto, para alcançar o equilíbrio é preciso treinar a força do ego, que insiste em nos levar para o passado e para o futuro, nos exilando do presente, sem sentir nossa verdadeira presença.

TREINE SUA ALMA

Na vida, muitas vezes priorizamos o que é "preciso" em detrimento do que é "precioso". Estamos constantemente ocupados com a sobrevivência e com os compromissos, sem perceber que perdemos momentos significativos com as pessoas e as experiências que realmente importam. Para viver plenamente, é essencial diferenciar o que nos é imposto como necessidade daquilo que alimenta nossa alma e nos conecta ao nosso propósito mais profundo. Somente assim conseguimos aproveitar o presente e dedicar tempo e energia ao que dá valor à nossa vida.

O que é realmente precioso para você e como você pode trazer mais atenção a isso em seu dia a dia, sem deixar que aquilo que é "preciso" tome conta de seu tempo e de sua energia?

Desenhe uma balança de dois pratos. De um lado, coloque aquilo que considera "preciso"; do outro, o que é "precioso" em sua vida. Visualize essa balança equilibrada e adicione detalhes que representem a harmonia entre cumprir suas necessidades e cultivar o que mais valoriza.

Escaneie o QR code abaixo e dê prosseguimento a essa jornada. Escute a Meditação 26, pensada para expandir o tema abordado neste capítulo.

27

VIGÉSIMO SÉTIMO PASSO: Nutrição

"Quando ficamos presos ao passado,
não conseguimos viver o presente,
muito menos desfrutar do agora."

O ego domina o passado e o futuro, criando uma ansiedade que consome as energias da presença, por meio da qual o eu pode acontecer. No passado estão nossas histórias, nossos ancestrais, o julgamento, o arrependimento e o medo de que algo que já aconteceu se repita. Quando ficamos presos ao passado, não conseguimos viver o presente, muito menos desfrutar do agora, o único momento que realmente existe.

Para trabalhar a ansiedade que vem da prisão ao passado, é importante reconhecer e aceitar a realidade do que já passou e traçar um caminho de aprendizado e perdão de todas as experiências já vividas. Isso significa fazer as pazes com o passado. Claro que não é algo que se possa fazer num piscar de olhos. Não se trata de um movimento superficial, mas bastante profundo.

O passado tem registros que não estão na memória lógica, conflitiva, mas nas entranhas das memórias celulares. Muitas informações de que provavelmente você nem se lembra conscientemente podem acionar gatilhos que moverão sua vida para direções indesejáveis.

Como lidei com isso? Eu tinha memórias negativas e dolorosas, traumas profundos, medos, julgamentos, que me tornavam refém de mim mesma, e isso tirava minha paz de espírito. Para falar a verdade, eu vivia num inferno interior. Em minha busca pelo sentido do existir, em meio a tantos conflitos, desigualdade, injustiças, eu mantinha a esperança no fato de não acreditar que algo tão misterioso e belo como a vida fosse tão mesquinho e sem significado. Eu tinha a intuição de que a vida gerada por um grande mistério, com elevado nível de inteligência, tinha propósitos além daqueles que eu era capaz de entender naquele momento.

Essas contradições não faziam sentido para mim. Assim, segui pelo caminho do autoconhecimento, estudando diferentes visões e colocando em prática exercícios que me ajudavam a investigar mais profundamente o sentido da existência. Eu estava buscando uma maneira de sair da prisão do condicionamento. Não havia alternativa que não fosse olhar para mim de verdade, sem máscaras, sem justificativas e sem fuga. Mesmo com os medos que sentia, segui enfrentando cada um deles.

Meus treinamentos xamânicos foram fundamentais. Dias em jejum, às vezes só com água, isolada de tudo, sem conforto, sem banho, sem ninguém, dormindo em barracas sob o luar. Eu ia enfrentando, por meio do desconforto, os limites de minha mente.

Consciente de que meu ego desejava controle e conforto, fui superando cada limite e me entregando sem fugir, sem me anestesiar, e assim pude dar passos consistentes para me conhecer mais de perto. Fui capaz de olhar e sentir de verdade o que estava escrito em minha história. Muitas lágrimas, muita vergonha, muitas emoções. Em certas ocasiões eu ficava desfalecida, desprovida de couraça protetora, depois de ver tudo o que havia acontecido em minha vida.

Para cada enfrentamento eu tinha um objetivo claro em mente: depois de cair, de derreter a arrogância, meu objetivo era encontrar a humanidade dentro de mim, através de mim mesma, para absorver a experiência como um novo aprendizado e abrir novas perspectivas para minha vida.

Para tanto, foi importante me reconhecer como adulta a fim de resgatar minha criança interior — uma parte de mim que tinha registradas todas as memórias infantis. Nesse treinamento encontrei o poder da autoaceitação, porque sem ela não é possível avançar. Existem momentos em que, além do autojulgamento, temos vergonha do lugar que estamos ocupando, o que deixa qualquer expectativa no chão.

Lembro de um treinamento em que senti muita vergonha de mim mesma, fiquei me achando uma merda. Depois de chorar bastante, porém, praticamente desidratada, consegui aceitar que eu era a própria merda e a ver beleza naquilo, após adormecer e sonhar com um ser me mostrando uma cena que nunca mais saiu de minha cabeça.

Estávamos num jardim, cheio de flores, com rosas de diferentes cores; os raios de sol iluminavam as pétalas aveludadas. Parecia que a cena era recoberta por um filtro de cinema antigo. O ser me dizia: "Sinta o perfume dessas rosas. Tente sentir as diferentes fragrâncias que estão no ar." Entorpecida pelo buquê de aromas doces e extasiantes, minha consciência se expandia com toda a beleza e delicadeza enquanto sentia o bem-estar tocar meu coração.

Então, o ser reafirmava: "Observe as vidas que são atraídas por toda essa beleza." Naquele instante, lindas borboletas contrastavam suas elegantes cores e desenhos com cada uma das rosas, enquanto outras flores eram beijadas por colibris, que, felizes, ficavam parados no ar, batendo as asas em alta velocidade, seus bicos longos adentrando as rosas.

"Isso é Deus manifestando-se por meio da natureza. Cada um tem sua função, e todas elas são importantes", disse o ser, tocando gentilmente meu rosto e conduzindo meu olhar para os pés das roseiras. Depois, continuou: "Tudo isso é possível por causa do adubo que alimenta essas rosas, e esse adubo veio da merda. Você também tem um lugar nesse ecossistema, embora provavelmente nunca seja cheirada com a mesma admiração que essas rosas. Mas você pode se orgulhar de ser a merda que adubou o pé da roseira e proporcionou parte de todo esse espetáculo."

Aquelas palavras me impactaram. Ao contrário de me sentir humilhada e envergonhada por ocupar esse lugar no ecossistema, eu pude me encontrar. Eu estava onde poderia ser útil e, mesmo não sendo admirada como as rosas, podia me sentir parte daquele espetáculo. Aceitei que ninguém vai valorizar a merda, mas que ela, como adubo, é capaz de alimentar e encantar as pessoas, e estava tudo bem, pois tudo é Deus e Deus é tudo.

Quando desci a montanha no fim do treinamento, eu era outra pessoa. Desde então, passei a trabalhar todas as merdas de minhas histórias para realizar a alquimia e poder transmutá-las em adubo. Mas existe um processo para isso acontecer, do qual não se pode pular nenhuma etapa.

Na prática, para transformar merda em adubo é preciso realizar o processo de compostagem. Se você pegar a merda, por exemplo, o cocô da vaca, e a colocar fresca diretamente na planta, ela vai fermentar naturalmente mas poderá matar o vegetal, porque isso é o que acontece quando contaminamos o meio ambiente com nossa merda.

Para que haja vida e a merda se transforme em adubo, é preciso realizar um processo. Você pega a merda fresca e a cobre para que fermente. Quando atingir determinada temperatura, é preciso descobrir o material, remexê-lo e deixar entrar oxigênio. Em seguida, tampa-se a merda novamente. Dessa maneira, ela vai maturando até completar o processo de alquimia e virar apenas adubo.

Trazendo isso para a vida, pegamos nossas dores e nossas histórias e nos afastamos do mundo. Entramos num retiro, numa imersão, num silêncio profundo, para deixar fermentar essas questões dolorosas. Remexemos e deixamos oxigenar, fazendo práticas diárias para, depois, voltar para dar continuidade ao processo. Então, aquilo que era insuportável acaba encontrando seu lugar, após a alquimia da transformação. Depois dos retiros, quando voltamos para a comunidade, reencontramos pessoas e precisamos nos reposicionar nas relações. Ainda haverá algumas armadilhas para vencermos, mas sentir no coração onde é nosso lugar e encarar pessoas e situações de frente, sem medo, é o caminho para a alquimia acontecer.

Contudo, é preciso muita atenção: a maior armadilha é a arrogância espiritual. Cair nela significa que não aprendemos nada verdadeiramente. É comum, quando alguém passa por um processo alquímico, voltar para o meio comum de sua vida e se sentir superior, por ter alçado alguns degraus da infinita escada do autodesenvolvimento, e querer "pregar" para o outro o que é certo e o que é errado.

TREINE SUA ALMA

A ansiedade que carregamos do passado nos impede de viver plenamente o presente, onde a vida acontece. Ao relembrarmos traumas, julgamentos e experiências dolorosas, ficamos presos a um ciclo de autojulgamento e medo de repetição, nos afastando da paz e da aceitação. Somente fazendo as pazes com o passado e entendendo as memórias nele contidas, conseguimos transformar o que nos aprisiona em aprendizado e força. Essa libertação nos permite viver o agora, com presença e autenticidade.

O que em seu passado ainda o prende e gera ansiedade? O que você pode fazer hoje para transformar essas memórias em combustível para seu crescimento?

Encontre com o eu do passado. Observe esse "eu" com ternura, sem julgamento.

Dialogue com ele. Pergunte o que sente e o que precisa para se libertar. Ofereça perdão e acolhimento, palavras de conforto e compreensão. Depois descreva cada encontro, quais memórias surgiram e qual o aprendizado.

Escolha uma memória ou uma emoção recorrente do passado que ainda lhe traga ansiedade. Escreva uma carta para essa experiência, expressando tudo o que sente. Então escreva outra carta como se fosse seu futuro respondendo, demostrando empatia, dando outro contexto aos fatos e indicando o que de bom nasceu dessa dor.

Despedace ou queime a primeira carta, transformando fisicamente o peso. Guarde a resposta como um lembrete de sua força para reescrever sua própria narrativa.

Desenhe um jardim representando sua vida presente. No chão, simbolize as "raízes" das experiências passadas, nutrindo e fortalecendo o solo. Desenhe flores e plantas crescendo dessas raízes, ilustrando que, ao aceitar e processar o passado, você transforma suas experiências em algo bonito e enriquecedor.

**Escaneie o QR code abaixo e dê prosseguimento a essa jornada.
Escute a Meditação 27, pensada para expandir
o tema abordado neste capítulo.**

28

VIGÉSIMO OITAVO PASSO:

Humildade

"Geralmente, quem cai nessa armadilha não atingiu a profundidade do autoconhecimento."

A armadilha da arrogância espiritual aparentemente é bem colorida, cheia de certezas e justificativas, sustentada por um discurso de cego que acabou de ver uma penumbra no meio da escuridão. Ele quer ditar todas as regras para os outros cegos, com a certeza absoluta de que agora sabe como as coisas funcionam. Geralmente, quem cai nessa armadilha não atingiu a profundidade do autoconhecimento, simplesmente se banhou em informações. Pode até ter feito práticas e recebido algumas bênçãos, mas demonstra não ter entendido nada quando se coloca como superior às outras pessoas. Claro que eu mesma atravessei grandes tentações em meu caminho, senão não saberia tanto sobre elas. Porém, quando vencemos essa armadilha, acrescentamos ao aprendizado o verdadeiro sentido da generosidade e da aceitação.

Você pode ver incoerência em minhas informações, pois, se o autoconhecimento liberta, como pode existir a arrogância nele? Ela decorre do fato de que o processo de autoconhecimento se desenvolve por meio de fases que envolvem a informação, o conhecimento, o conhecido e o conhecedor. Essas fases representam etapas que precisam ser percorridas pelo aprendiz.

Quando se está no início do caminho, absorvendo as informações e percebendo que as coisas podem ser observadas por outra ótica, é possível que o sujeito se julgue superior às pessoas que não dispõem de tais informações. Isso também pode levá-lo a certo fanatismo e radicalismo, e ela passa a querer estar apenas com pessoas que tenham as mesmas informações, discriminando e julgando as demais. Essa é uma armadilha muito perigosa.

Depois de absorver informações, você poderá passar para a segunda fase, absorvendo o conhecimento mais profundamente, com o intuito de colocá-lo em prática em sua vida. Enquanto não se tornar plenamente conhecedor de si mesmo, porém, nenhum conhecimento terá validade. Quando tudo transcorre bem, passamos para a fase seguinte do autoconhecimento. Apenas cada um individualmente poderá se conhecer. Isso significa sair do conhecimento para ir ao conhecido e encontrar o conhecedor — aquele que conhece as próprias dores, que aprendeu a se relacionar com suas emoções e a superar seus limites. Tudo tem um tempo de maturação, e só pode acontecer de dentro para fora.

Em meu processo alquímico, quando iniciei o caminho, o primeiro desafio foi com meu parceiro. Primeiro eu queria que ele viesse junto comigo; depois, queria que ele obedecesse aos meus comandos, orientados pelo conhecimento que eu estava absorvendo.

Por exemplo, mudei minha alimentação e parei de tomar refrigerante, e queria que ele fizesse o mesmo. Por um tempo fiz disso um inferno, até chegar ao mergulho seguinte dentro de mim e conseguir perceber que, na verdade, estava querendo que o outro fosse cúmplice de minhas mudanças.

Participando de outro retiro, vi claramente que estava num lugar de arrogância e justificativa; quanto mais me mantinha ali, mais longe da verdade eu estava. No entanto, como fiz da busca interior minha meta principal, consegui me libertar daquele lugar, porque o único modo de mudar o outro é sendo o exemplo dessa mudança. Tudo começa em nós. Quando percebi isso, eu me calei para as críticas e os julgamentos que me colocavam nesse lugar arrogante.

Mesmo meu companheiro tomando refrigerante diariamente, optei por beber suco e sustentar minha decisão sem julgá-lo. Isso me levou a me conectar com valores importantíssimos, como o respeito ao tempo e às escolhas do outro e, o mais importante, o amor incondicional.

Entendi que o desafio de meu coração era amar o outro independentemente de suas escolhas. Compreendi que cada um está num lugar da estrada e que só podemos dar oportunidades para a evolução do outro com muita paciência e amor. Acessar esses sentimentos em nosso coração nos humaniza e nos coloca em harmonia com todos os outros seres do planeta. E, quando isso acontece, podemos nos colocar a serviço da grande obra de humanização planetária, sem sermos reféns da separação.

TREINE SUA ALMA

A verdadeira profundidade do autoconhecimento não se revela nas certezas e nos julgamentos que criamos sobre o outro, mas na generosidade e na aceitação que cultivamos em nós mesmos.

O processo de crescimento espiritual demanda que sejamos pacientes com o tempo e o ritmo do outro, assim como aprendemos a ser pacientes e compassivos conosco.

Como posso praticar o autoconhecimento sem cair na tentação de julgar e querer mudar aqueles ao meu redor?

Imagine e desenhe seu futuro, no qual, em cada interação, você acolhe as escolhas dos outros sem pressa de convencer ou mudar ninguém. Visualize como esse respeito à individualidade de cada um fortalece suas relações, criando um ambiente de paz e confiança mútuas. Nesse futuro, você inspira os outros por meio de seus exemplos e permite que cada pessoa da sua vida encontre o próprio caminho com leveza.

Escaneie o QR code abaixo e dê prosseguimento a essa jornada.
Escute a Meditação 28, pensada para expandir
o tema abordado neste capítulo.

29

VIGÉSIMO NONO PASSO:
O servir e o serviço

"Podemos ensinar e aprender por meio de exemplos, mas nem todo mundo está pronto para dar saltos. Assim, às vezes, para quebrar as couraças da ignorância, algumas marteladas da vida são necessárias."

O servir tem um lugar desqualificado em nossa sociedade, porque os serviçais são tidos, frequentemente, como pessoas invisíveis, que vivem para atender os superiores e são mal remunerados e ignorados. Esse conceito social da nossa civilização escravizou homens, mulheres, brancos, negros, povos originários e muitos outros. A ilusão da separação nos colocou num lugar de afastamento daqueles que julgamos ser menos do que nós. Assim, caímos numa armadilha infernal, em que o julgamento e a discriminação são os carcereiros. A ilusão de nos vermos como superiores nos afasta ainda mais da verdade divina.

Passar por todos os meus processos de desconstrução da identidade para me reconhecer como um ser espiritual, e não apenas como um corpo, foi um exercício diário indispensável, que fortaleceu minha musculatura espiritual. Consegui entender o que é estar a *serviço* (servir + viço). Colocar-se a serviço é se comprometer com o lugar que você ocupa nesta vida, e o viço que vem desse servir impulsiona a alma num lugar de grandeza invisível. É essencial se sentir parte de um todo e não se interessar por aplausos e reconhecimento público, porque não se trata do que o outro vai pensar de você. Isso não importa, porque o que o outro pensa e vê diz respeito a ele mesmo.

É necessário se alinhar em sincronicidade com a grande obra divina, na missão do amor inconsciente, que é aquilo que dá um verdadeiro e profundo propósito à nossa vida, alimentando a alma e a parte divina em nós. Automaticamente isso nos habilita a olhar para o outro e a perceber sua importância, qualquer que seja o lugar que ele ocupe no ecossistema divino.

Quando falo em estar a serviço da vida, é por entender que a vida é nossa oportunidade de acessar as grandezas da natureza divina. O que entendo como vida tem a ver com a evolução por meio do amor, do respeito, da fraternidade e da construção; tem a ver com uma sociedade em que o amor é a regra, e não a exceção. Talvez eu não consiga ver isso acontecer de maneira plena. O Mestre Jesus teve uma inspiração semelhante, colocando-se a serviço da humanidade, e, por fim, perdeu sua vida material para provar que vivemos além da matéria. Mas é na matéria que somos colocados à prova por meio das práticas que podemos realizar. Assim, nesse processo, experimentei e vivenciei elementos que tocaram meu coração e o de outras pessoas.

Não acredito que devamos "salvar os outros", porque somente a própria pessoa pode se salvar. Muitas vezes o sujeito está se afogando em suas próprias merdas, nós jogamos uma corda e ele se recusa a pegá-la; caso decidamos nos lançar à merda para salvá-lo à força, ele poderá nos puxar para o fundo dessa lama.

As únicas pessoas que podemos arrastar para fora da lama são nossos filhos quando crianças, ainda imaturos para viverem as próprias vidas. Depois de adultos, serão independentes para fazer suas escolhas.

Eu acredito em dar oportunidades, pois é comum a pessoa escolher "quebrar a cabeça", e queremos impedir que isso aconteça, mas não podemos "roubar" do outro a oportunidade de ter suas experiências e chegar às próprias conclusões.

Sim, podemos ensinar e aprender por meio de exemplos, mas nem todo mundo está pronto para dar saltos. Assim, às vezes, para quebrar as couraças da ignorância, algumas marteladas da vida são necessárias. Compreender isso é acessar a autoaceitação e a aceitação do outro. Todos os aprendizados são válidos, alguns estão incompletos e incorretos, mas sempre haverá oportunidade para corrigir a rota e concluí-la depois de adquirir novos aprendizados.

O caminho está em descobrir quem sou eu, aquele que habita o coração no espiritual, do lado direito do peito, em oposição ao coração físico, que fica do lado esquerdo.

TREINE SUA ALMA

Servir com viço é se entregar a um propósito, com o coração aberto e sem necessidade de reconhecimento, compreendendo que cada pessoa desempenha um papel divino, mesmo que não seja evidente. Aceitar que não podemos "salvar" os outros, mas podemos oferecer suporte e exemplos, nos ensina a respeitar as jornadas individuais e a valorizar as experiências que cada um precisa viver para crescer.

Como posso servir de modo verdadeiro, honrando minha contribuição e o papel do outro, sem me apegar ao desejo de reconhecimento ou controle?

Imagine e desenhe um futuro em que você se coloca a serviço da vida, agindo com dedicação e viço, e suas ações se tornam uma fonte de inspiração para os outros. Visualize como, ao respeitar o tempo e a experiência de cada pessoa, você contribui para uma sociedade mais harmônica, na qual todos se sentem valorizados e alinhados com seu propósito divino.

Escaneie o QR code abaixo e dê prosseguimento a essa jornada. Escute a Meditação 29, pensada para expandir o tema abordado neste capítulo.

30

TRIGÉSIMO PASSO:
Gratidão

"O coração sem medo e
sem inseguranças deixará fluir
o amor plenamente alinhado
com as forças invisíveis."

O coração, como órgão físico, está do lado esquerdo do peito. Já o chacra cardíaco está bem no centro, e do seu lado direito está o coração espiritual. Seguindo a lei dos opostos, um está ligado ao outro: o coração físico e o espiritual. O físico serve para manter o sistema orgânico funcionando, mas ele só funciona por causa da energia vital que vem do mundo espiritual e que fica do outro lado do peito. Ambos se encontram no centro do corpo, onde está o vórtex de energia cardíaca.

Isso significa que, quando estamos alinhados com o mundo espiritual em nossas ações na Terra, movidas pelo nosso coração, uma grande força eletromagnética sai do centro cardíaco e sobe para o alto da cabeça. Outra desce até nossos pés, criando um grande campo magnético em torno de nosso corpo físico, que é um agente materializador das vibrações magnéticas.

Esse é o poder do coração, do amor, do sentimento sublime, que alinha o invisível com o visível. Quando essa força está em plena atividade, todos os milagres podem acontecer. O coração físico pulsa a serviço do propósito espiritual.

Nosso coração físico representa todas as nossas emoções. Se mal trabalhadas, elas podem prejudicar inclusive o próprio órgão. Por isso é preciso olhar e acessar as emoções poluidoras do coração como um modo de se libertar da escravidão limitante e bloqueadora do amor. Meu coração de criança enfrentou muito medo. Eu vivia assustada, pois ouvia ameaças e recebia castigos o tempo todo. Meu sistema nervoso ficou desregulado por anos, sempre em estado de vigilância, condicionado a esperar sempre por novas ameaças, mesmo quando não elas existiam mais; mesmo depois de adulta, minha mente se encontrava condicionada a simular situações que reproduziam um sentimento de pânico semelhante ao que eu vivia no ambiente em que fui criada. Acabei me acostumando a amedrontar a mim mesma com pensamentos e julgamentos que criavam pânico. Quando comecei a curar meu coração espiritual, consegui conduzir meu coração físico com mais suavidade. É preciso paciência e cuidado para gerar um ambiente seguro internamente a ponto de criar um espaço de proteção para o coração. Confiar que existe dentro de si mesmo um lugar seguro para sentir muda tudo, e foi assim que pude evoluir no meu caminho espiritual. O coração sem medo e sem inseguranças deixará fluir o amor plenamente alinhado com as forças invisíveis.

A alma ancora suas forças no coração do lado direito. Uma das práticas meditativas que ajuda a acessar esse lugar, segundo aprendi com o sábio indiano, meu amado mestre, Ramana Maharshi, é colocar a mão direita no peito e se perguntar: Quem sou eu? E fazer muitas vezes essa pergunta até que a resposta encontre um caminho além da personalidade.

O coração espiritual diz respeito à maneira como você enxerga e se relaciona com o mundo à sua volta. Quando esse lado está tomado por forças egoicas, não consegue ver nem sentir o outro, restando apenas emoções que entorpecem a energia vital, como o julgamento e a discriminação, que bloqueiam a energia vital.

Pode-se pensar: "Não somos iguais." E isso é verdade. Mas, assim como nosso corpo é formado por partes diferentes e cada uma tem uma função essencial, a convivência humana também depende do respeito à importância de cada pessoa e suas diferenças. Cada parte, mesmo sendo única, é indispensável para o funcionamento do todo.

Quando as duas partes de nosso coração estão alinhadas com a força espiritual, o chacra cardíaco é projetado em todas as direções, brotando o maior sentimento de todos: a gratidão. Ela ocupa inteiramente o coração, não deixa espaço para dúvidas, para o medo nem para reclamações.

Quando nos preenchemos de gratidão, sentimos que está tudo certo, porque a vida tem em si uma eternidade que se manifesta por meio de ciclos, que terminam e começam. E cada um deles tem preciosas lições para alimentar nossa alma no caminho da autorrealização.

TREINE SUA ALMA

O coração espiritual pulsa além do físico, conectando-nos com o invisível e ampliando nosso poder de criar harmonia e cura ao nosso redor. Quando alinhamos nossas ações com o propósito espiritual, nosso campo energético se expande e a gratidão floresce, abrindo espaço para a paz e confiança no fluxo natural da vida.

Em que áreas de sua vida você pode abrir espaço para que o coração espiritual e a gratidão guiem suas ações, fortalecendo seu propósito?

Imagine e desenhe um futuro em que seus corações físico e espiritual estão em plena sintonia, criando uma presença forte, serena e magnética. Visualize-se sentindo gratidão genuína em cada momento, agindo com amor e compaixão e experimentando uma conexão profunda com tudo ao seu redor.

Escaneie o QR code abaixo e dê prosseguimento a essa jornada.
Escute a Meditação 30, pensada para expandir
o tema abordado neste capítulo.

31

TRIGÉSIMO PRIMEIRO PASSO: Jejum

"Será que o alimento que ponho dentro de mim me nutre adequadamente ou me adoece?"

A comida é uma questão muito séria e, igualmente, muito controversa no que diz respeito a nosso processo de desenvolvimento pessoal. Assim, acho importante ressaltar que as ideias aqui expostas estão ancoradas em minhas vivências e refletem uma visão particular, embora já partilhada por muitos estudiosos. Nada do que é dito aqui substitui uma avaliação médica individual e personalizada.

Dito isso, peço que reflitamos sobre o fato de que fomos criados com a crença de que precisamos comer para viver – "saco vazio não para em pé". Então, a ideia de que, se ficarmos sem comer, vamos morrer se torna realidade por conta daquilo em que acreditamos.

Segundo o que nos foi ensinado, essa mesma comida deveria nos trazer mais vida e vitalidade, mas, nos tempos atuais, a artificialidade e os agrotóxicos trazem respostas rápidas para matar a fome. Enquanto nos distraímos fazendo coisas que julgamos importantes, seja no computador, no celular ou na TV, comemos sem nem perceber o que estamos colocando dentro de nosso corpo. Criamos hábitos alimentares que, mais cedo ou mais tarde, vão gerar doenças.

Uma das indústrias mais poderosas de nosso tempo é a farmacêutica. Quando a baixa qualidade dos alimentos que ingerimos se manifesta, nosso corpo físico já está adoecido. Isso significa que ele já bloqueou e desativou os sensores dos corpos sutis, assim como empedrou o corpo emocional, por meio de inflamações que bloqueiam o fluxo vital pelos meridianos do corpo. Isso também bloqueia o fluxo mental, o raciocínio, que precisa de elementos, como os sais minerais, que o corpo não armazena e que são fundamentais para permitir o movimento dos impulsos elétricos que guiam os pensamentos.

Esse processo costuma ser encarado com normalidade: não conseguir pensar claramente; ter pensamentos turvos; noites de sono maldormidas, que nos fazem levantar já exaustos. Poucas horas de sono impedem que o cérebro tenha seu descanso necessário tanto para armazenar novos conhecimentos quanto para se desintoxicar de informações inúteis, que roubam o lugar das úteis. Estas não podem ser processadas devido ao congestionamento de inutilidades mentais.

Esse é um plano de embrutecimento e aprisionamento nas malhas da própria ignorância. É como se o inconsciente coletivo criasse um movimento de massa, e a maioria das pessoas o seguisse sem nem perceber que está indo direto para o matadouro. Eu me vi presa a essa armadilha por muito tempo, e mesmo quando comecei a estudar o tema passei por um processo intenso até que finalmente consegui fazer as mudanças necessárias.

Uma mudança, para ter raízes fortes na perseverança, deve ser feita aos poucos: vamos mudando nossos hábitos, nossa mentalidade e nossos comportamentos. Tudo está interligado. Quando você se aprofunda nesse conhecimento, mudanças consistentes acontecem, com o consequente desapego de crenças. De todo modo, é preciso que se diga, mais uma vez, que o processo de enfrentamento de nossos maus hábitos alimentares é muito pessoal e deve sempre ser realizado com o suporte de profissionais especializados.

Toda a nossa vida gira em torno da comida, que se relaciona diretamente com nossas questões emocionais. A tristeza, por exemplo, pode nos levar a comer mais ou até mesmo a não comer. Nossa dependência emocional se alimenta e bebe para suprir a carência de sentimentos elevados, criando obsessões e compulsões alimentares, que prejudicam ainda mais nossa saúde mental.

Nosso corpo sofre com os elementos derivados dos maus hábitos alimentares. Não engordar se torna uma sina que alimenta outros transtornos psicológicos, como a bulimia, a anorexia e o uso desmedido de medicamentos. Trata-se de um caos instaurado em nossa sociedade, que é chamada de moderna.

Para mudar a alimentação, é necessário termos um relacionamento melhor com nossas emoções e nossos sentimentos. O alimento não pode ser uma válvula de escape para aquilo que nem sequer conhecemos.

O caminho para começar esse processo é o jejum intermitente. Você faz a última refeição ao pôr do sol e só volta a comer entre quinze e dezesseis horas depois — sempre cuidando para que a primeira comida do desjejum seja de ótima qualidade. Inclua frutas, castanhas e gorduras boas, como a do abacate, por exemplo.

Iniciado o processo, você pode avançar para um dia de jejum total, tomando apenas água, porém como cada caso é único, sugiro que você busque acompanhamento de um profissional habilitado como nutrólogo ou nutricionista. Saiba que, nesse caminho, você vai enfrentar os demônios da própria mente, que acreditam que seu corpo está mais fraco, sem forças, precisando dormir muito. Minha intenção quando trago esse tema é fazer uma provocação para que as pessoas conheçam o próprio corpo e se conectem consigo mesmas, a fim de caminhar na direção de uma alimentação viva, orgânica e saudável. Se eu conseguir provocar você para a importância desse assunto, meu esforço terá valido a pena.

O alimento traz muita carga emocional, não só nossa como dos nossos ancestrais, e vencer essa sombra é importante para todos. Para mim, a relação com a comida na infância remete a um lugar de falta, de carência. Em muitos momentos a única solução disponível era ir até o mercado pegar as verduras e legumes que eles descartavam por não estarem bons para serem vendidos. Durante anos, era nesse local que eu encontrava o alimento para ajudar a sustentar meus irmãos, pois meu pai passava meses fora de casa, e com isso os recursos eram sempre escassos.

Quando comecei meus treinamentos xamânicos, o jejum era o ponto inicial, e foi muito desafiador vencer cada etapa de cura desse lugar para quebrar a crença de que a comida é a única fonte de energia. Precisei buscar mecanismos que aliviassem em mim a pressão e o medo da falta.

O que significa se alimentar de *prana*? Em vez de comer muito e sem consciência, você pode absorver mais prana, ou seja, energia vital, acessível por meio da água, do ar (respiração) e de banhos de sol, que devem acontecer na parte da manhã. É importante olhar para o sol nascente nos seus primeiros vinte minutos. Dessa forma começamos a acessar informações que nos trazem o alimento divino, sagrado, que vem da fonte inesgotável de energia. Tem bastante e para todo mundo.

Quer seguir um caminho para a graça divina e para a autorrealização? É fundamental, então, pensar nesse tema sabendo que o primeiro passo é abrir mão da alimentação animal. Consumir a dor do animal baixa sua frequência.

Alguns fatos que nos recusamos a ver nos mantêm atados a péssimos hábitos alimentares, carregados de justificativas para defender o direito de seguirmos comendo porcaria.

É questão de evolução no processo pessoal de cada um. Eu mesma evitei ouvir o chamado da mudança alimentar até desenvolver uma doença autoimune causada pela alimentação. Meu corpo dava muitos sinais de que não tolerava glúten e lactose, até que entrou em colapso. Então, fui obrigada a fazer escolhas para viver de maneira saudável e poder avançar em minha jornada espiritual. A outra opção seria viver doente, refém do sistema e bloqueada em vários sentidos. São escolhas como essa que precisamos aprender a fazer no caminho para a autorrealização, para a clareza mental e para o desenvolvimento espiritual.

TREINE SUA ALMA

Quando mudamos nossos hábitos alimentares, abrimos espaço para uma energia mais elevada e para a cura integral de corpo, mente e espírito. Nossos padrões alimentares refletem nossas emoções e crenças profundas. Encarar o que comemos como um reflexo de nossas emoções pode nos ajudar a reconhecer e transformar padrões inconscientes, que prejudicam nossa saúde e nosso bem-estar.

Qual pequeno ajuste você pode fazer hoje em sua alimentação para começar a nutrir não apenas o corpo, mas também a mente e o espírito?

Pequenas escolhas, quando feitas com consciência, podem se transformar em cura e crescimento. Durante uma semana, anote tudo o que comeu em cada refeição e o que estava sentindo antes e depois de comer.

Preste atenção aos momentos em que recorreu à comida por conta das emoções. No final da semana, releia e identifique padrões. Quais sentimentos mais influenciam suas escolhas alimentares? Há algo que se repete? Traga à luz padrões inconscientes para alinhá-los ao autocuidado.

Escolha um ingrediente ou alimento e, antes de consumi-lo, segure-o. Coma devagar, focando cada detalhe. Sinta como o alimento pode nutrir não só seu corpo, mas também suas emoções e seus pensamentos. Ao terminar, faça uma anotação ou desenho sobre como se sente e quais pensamentos surgiram dessa conexão. Transforme o ato de comer em um ritual de presença e de conexão espiritual.

Observe qual emoção está mais presente. Procure um alimento natural cuja cor você sinta que pode ajudar a transmutar essa emoção. Prepare uma refeição simples dando destaque ao alimento e, enquanto come, imagine que está absorvendo a energia da cor e transmutando a emoção vivida. No fim, agradeça e observe como seu corpo e mente reagem a esse gesto.

Imagine-se e desenhe-se em um futuro em que sua relação com a comida é de plena harmonia e consciência. Você escolhe alimentos que nutrem seu corpo, sua mente é clara e tranquila, e você sente uma conexão profunda com sua energia espiritual. Visualize o impacto disso em sua saúde, em sua vitalidade e em seu propósito. Como é viver sua rotina com presença e autocuidado plenos?

**Escaneie o QR code abaixo e dê prosseguimento a essa jornada.
Escute a Meditação 31, pensada para expandir
o tema abordado neste capítulo.**

32

TRIGÉSIMO SEGUNDO PASSO: Autorrealização

"A graça divina está no caminho da autorrealização."

Em minha peregrinação pela Índia, tive uma experiência muito mágica ao me conectar com um guia espiritual que me encantava desde a adolescência. Guardei por vários anos esse amor em meu peito, esperando o chamado para ir ao encontro dele. Durante um período de 42 anos, fui me desenvolvendo e trabalhando os incontáveis traumas que aprisionavam meu coração e minha mente no baixo astral, resultado do sofrimento vivido e repetido diversas vezes.

As pessoas me perguntavam: por que você ainda não foi à Índia? E eu respondia: estou aguardando o chamado. E, quando o chamado chegou, eu não hesitei. Na visão terráquea, 42 anos é muito tempo, mas entendi, quando lá cheguei, que se não tivesse vivido toda a minha trajetória anteriormente jamais alcançaria o nível necessário para receber todas as informações. Eu precisava estar pronta para acessar a energia sutil ali disponível.

Entre tantas coisas, meu encontro com Ramana Maharishi em Arunachala, que fica em Tiruvannamalai, no ul da Índia, foi de certa forma um preenchimento do vazio que restava no grande quebra-cabeça da minha história de vida. Ciclos de *karmas* se tornando o *dharma*. Foram muitas as minhas experiências, mas vou compartilhar algumas reflexões.

O que é uma "graça divina"? Antes me parecia algo que você alcança por merecimento, como uma benção que recebe do mundo divino, caso seja uma pessoa especial; como algo que você implora para receber de um superior por ter sido uma pessoa boazinha — e qualquer escorregão já o tira da fila do merecimento. Eram crenças baseadas na instituição religiosa na qual fui criada, o catolicismo, que me formatou numa perspectiva dual e maniqueísta de céu e inferno, bem e mal, merecedor e pecador.

Minha mãe tinha a crença de que, se batizasse e crismasse os filhos antes de completarem 24 horas de vida, eles receberiam uma graça especial. E assim ela fez comigo, sua primeira filha. Nasci num sábado ao meio-dia e no domingo às 11 da manhã fui batizada e crismada. A crisma normalmente é realizada na adolescência, para confirmar o batismo, mas minha mãe conseguiu convencer o padre de que no meu caso era necessário antecipar. Meus irmãos não passaram pela mesma experiência. Como essa história foi contada muitas vezes, na adolescência eu me perguntava que tipo de graça havia recebido, e hoje reconheço a graça divina me acompanhando. Se é por causa dos eventos daquele domingo ou de todo o restante que vivi, eu não sei, mas acredito na intenção. Entre tantas coisas dolorosas da minha infância, esse fato se manteve por muito tempo como uma compensação: a certeza de que minha mãe desejou que eu fosse abençoada quando eu nasci. Depois de tanta peregrinação em busca de mim mesma, tudo fluiu em outro lugar em meu coração, e pude aceitar essa graça como um presente de minha mãe. E olha que precisei mesmo.

Quando ouvi da boca do Mestre Ramana que a graça divina é atingida por aquele que se esforça no caminho da evolução ininterruptamente, que mantém o coração alinhado com a verdade interna e com o divino, que mantém seu foco na certeza de que faz parte do todo e que o todo faz parte de si; eu me senti abençoada pela graça divina. Reconheci que, em minha trajetória de buscadora de mim mesma, eu havia me esforçado de diferentes maneiras e intensidades, não desisti e avancei mesmo estando em frangalhos. Não cansava e insistia sempre na busca de minha verdade para vivê-la na prática, dizendo "não" para todas as armadilhas sedutoras que vinham de fora através de minha mente.

Vozes distorcidas tentavam me enquadrar em algum lugar vitimizado, mantendo-me presa em justificativas turvas.

Não aceitei o lugar de vítima e me dediquei a sair dele para assumir a responsabilidade sobre minhas escolhas e decisões. Tornei-me uma aprendiz no caminho da verdade, escapando de tantas ilusões disfarçadas de verdades.

A humildade foi uma de minhas conquistas. A cada porrada que levamos quando caímos no fundo de nós mesmos e enxergamos todas as fendas sombrias no nosso coração, é comum começarmos a lamber nossas feridas.

Claro que visitei esse lugar muitas vezes em minha jornada, mas sempre levantei e segui me direcionando para a autoaceitação e para a generosidade comigo mesma. Eu já sabia em qual direção devia manter o amor em minha bússola interna. Então, me perguntava: há amor neste lugar? Se a resposta fosse um vazio sombrio, cheio de julgamento e castigo, eu sabia que não estava no caminho da verdade.

Há muitos anos eu venho trabalhando com o conceito de autogestão, mas, quando ouvi do mestre a palavra "autorrealização", vi que havia outro lugar aonde chegar. Sem dúvida, a autogestão de nossos recursos internos é fundamental para seguirmos no caminho da autorrealização.

"A graça divina está no caminho da autorrealização." Quando ouvi essa frase, entendi que não há outro caminho senão a prática direcionada com a intenção clara e verdadeira do coração. A autorrealização diz que eu mesma sou responsável por me realizar, por realizar a parte divina que sou eu na Terra. Para isso acontecer, é preciso manter diariamente a verdade viva de que nós somos Deus.

Poder nos enxergar como Deus é a graça divina em si. Precisamos dessa graça para obter a graça de Deus, que é uma emoção de total comunhão com a verdade sublime, e o caminho para alcançá-la é a devoção.

TREINE SUA ALMA

A graça divina não é um favor nem um presente, e sim a consequência de nossa dedicação sincera ao caminho da verdade. É por meio da prática constante, com o coração alinhado ao amor, que acessamos o estado de autorrealização e sentimos a presença divina em nós. Autorrealizar-se é assumir a responsabilidade plena pelo próprio crescimento espiritual e pelo despertar da divindade interior. Quando nos tornamos autênticos e conscientes de nossa conexão com o todo, experimentamos a verdadeira graça.

Qual prática ou intenção você pode começar hoje para se aproximar de sua verdade mais profunda e experimentar essa graça divina?

Imagine-se e desenhe-se vivendo a autorrealização, com cada ação ressoando com a graça divina e com sua verdade mais elevada. Visualize como sua vida se transforma quando você expressa sua essência divina em cada passo, sentindo-se pleno, conectado e verdadeiramente abençoado.

Escaneie o QR code abaixo e dê prosseguimento a essa jornada. Escute a Meditação 32, pensada para expandir o tema abordado neste capítulo.

33

TRIGÉSIMO TERCEIRO PASSO:

Devoção e vocação

"A rigidez e o egoísmo endurecem o coração, e essa rigidez leva o homem a se separar dos outros."

Caminhei nesta Terra até meus 59 anos sem ter ideia do valor do conceito de devoção. É bem provável que eu o tenha guardado em um arquivo interno, sob algum preconceito ou prejulgamento, talvez por ver nas religiões apenas pessoas fanáticas e ações cunhadas em falsas certezas, que espalharam o mal sem respeitar a realidade do outro, ao longo da história. Venho observando essa situação e sentindo em meu coração para ter a distinção do que é falta de discernimento, obsessão ou um verdadeiro estado de conexão espiritual com a frequência mais elevada da devoção.

Em minha peregrinação por Arunachala, acessei um lugar muito especial dentro de mim enquanto meditava na caverna de Ramana. Essa meditação durou três horas no tempo da Terra e aconteceu na manhã do meu aniversário. Porém, naquele dia perdi a noção do tempo; senti uma mistura de rapidez e lentidão.

Adentrei lugares com imagens vivas, orgânicas e absolutamente lindas. Eu me senti em dimensões de tempo e espaço que mudavam com as frequências. Estou tentando traduzir minhas experiências para que você possa compreender o poder da conexão que se estabelece por meio dos sentidos mais sutis.

Quando a meditação terminou, ficou claro para mim, em uma comunicação com o Mestre Ramana, que o ciclo que eu estava adentrando ao completar meus 59 anos tinha uma importância fundamental para a continuidade do meu propósito na Terra. No entanto, quando ele me perguntou se eu sabia o que representava aquele novo ciclo, fiquei sem resposta.

Então, a primeira referência que meu cérebro buscou para identificar o poder daquele ciclo foi a numerologia — ciência que traz a frequência revelada pelos números. Busquei igualmente informações no I Ching, um oráculo milenar com mais de 3 mil anos de história, que mostra a escada da vida por meio de 64 hexagramas. Meu objetivo era saber o que significava o hexagrama 59, que não me vinha à mente naquele exato momento.

Senti, então, a mão de Ramana tocando minha mente: ative a devoção e acesse a emoção de se sentir abençoada por algo muito maior. Meu corpo foi invadido por uma emoção sem igual; parecia que todo ele chorava. E então ouvi o mestre dizendo: essa é a emoção da devoção.

Assim que saí da meditação, esse conceito estava instalado em meu coração. Meu corpo manifestava uma sensação de renovação total. Minha mente, meu olhar e meu coração estavam em outra frequência, e eu me sentia abraçada por forças invisíveis que me sustentavam. Era um lugar muito bom, em que encontrei a sensação de pertencimento ao mundo divino e ao mistério.

Quando isso aconteceu, tudo o que existe na Terra ganhou outro lugar dentro de mim, e fui tomada por uma paz incrivelmente sólida, se assim posso dizer. Uso esse adjetivo para expressar quão substancial era aquela sensação.

Quando deixei aquele lugar e tive acesso a meu celular, fiz uma pesquisa rápida e constatei que a frase que ouvi do mestre estava no hexagrama 59 do *I Ching*, que reproduzo abaixo:

"A rigidez e o egoísmo endurecem o coração, e tal rigidez leva o homem a se separar dos outros. O egoísmo e a cobiça isolam o homem. Por isso, é necessário que uma emoção de devoção se apodere do coração dos homens."

Eu saí daquela caverna, mas ela não saiu de mim. Aquela emoção não era fugaz; era um estado de espírito para o qual migrei, um lugar incrível em que encontrei uma conexão com um estado elevado de entrega e senti algo indescritível.

Sempre fui uma mulher de fé, mas na caverna no Arunachala descobri que devoção e fé são coisas distintas. Reconheci que não tinha uma fé qualquer, que trepa em algo ou em alguém para se manter viva, uma fé de trepadeira. Reconheci que minha fé no invisível era algo maior, uma que aceita que a vida tem sentidos que nem sempre podemos entender plenamente — e mesmo assim podemos seguir um roteiro com muitos sinais, sincronicidades e elementos sutis.

Tudo mudou quando entrei nessa frequência de conexão com a devoção. Meu coração passou a trilhar outro lugar no campo eletromagnético da Terra.

Agora sinto meu coração inteiramente conectado, ligado e alinhado com esse plano superior; eu me sinto parte do todo e pertencente a ele. Na verdade, esse novo lugar atualizou e potencializou muito profundamente a compreensão de onde estou e de onde está meu propósito, para que eu pudesse determinar minha direção.

O que recebi de Ramana foi uma benção verdadeira, e suas orientações iniciais foram bem claras: "Há muito trabalho a fazer; você precisa ter um corpo físico tão forte quanto seu coração para cumprir cada etapa do caminho que terá pela frente." Depois dessa comunicação, olhei para meu corpo físico sob outra perspectiva, com outros elementos.

O comando vindo daquele espaço sagrado me motivou a seguir no cuidado e na continuidade das práticas necessárias para dar suporte a minha transformação.

Recebi um *darshan*, que, em sânscrito, significa um presente de um mestre para seu discípulo, e me senti parte da luz daquele ser iluminado. Esse *darshan* é um alimento sagrado que vai me nutrir além da matéria.

Foi por isso que decidi manter uma alimentação rica em prana divino durante 180 dias. Com isso, meu corpo passou por um treinamento de alimentar-se de prana, água e frutas, a fim de ativar as glândulas e todos os órgãos num movimento de regeneração, buscando recuperar minha saúde em todos os níveis.

Durante o período determinado, organizado em cinco ciclos de 33 dias, comecei intercalando água e dias secos — ou seja, dias sem água — e algumas poucas frutas inteiras ou sucos. Instalei práticas diárias para manter essa chama acesa, que se tornou consistente em minha vida. Assim, fui sentindo meu corpo mudar de frequência para outro nível.

Ainda vivencio esse processo enquanto escrevo este capítulo, no monte Shasta, no Norte da Califórnia. Estou há 21 dias em orações, para receber do mundo sutil as informações necessárias e uma energia renovada para seguir na jornada.

É muito bom se sentir parte dessa energia; eu me sinto conectada. Esse sentimento eleva a potência dos milagres que acontecem quando o alinhamento é perfeito, com confiança e entrega.

Para mim, ser devota é um novo caminho que estou trilhando. A cada dia, a cada desafio, restabeleço um vínculo forte com o mundo das divindades e dos mestres elevados e com todo o campo sutil. Eu me sinto abraçada por essa energia e por toda a egrégora que me acompanha.

Você consegue perceber a sutileza da devoção?

TREINE SUA ALMA

A devoção não é apenas uma prática, é um estado de entrega e conexão profundas que transcende a fé tradicional. É o alinhamento total entre o corpo, a mente e a alma, criando uma comunhão sagrada com o plano divino. Quando experimentamos a verdadeira devoção, nossa jornada espiritual ganha um novo sentido, e cada desafio se torna uma oportunidade de fortalecer nossa conexão com o divino. A devoção nos coloca em sincronia com o universo, tornando cada momento repleto de propósito e significado.

Como você pode começar a cultivar uma prática de devoção que o leve a se sentir parte de algo maior?

Escolha um momento do seu dia e transforme a ação que pratica em um momento devocional. Respire fundo e dedique cada movimento como uma oferta de amor, gratidão ou entrega ao universo/divino.

Com consciência, permita-se sentir em cada ato, por mais simples que seja, uma conexão sagrada. Dilua a separação entre o "sagrado" e o "mundano", tornando cada instante uma prática devocional.

Antes de dormir, escreva três acontecimentos do dia em que percebeu "toques" do divino. Escreva ou diga uma frase de gratidão por cada sincronicidade, reconhecendo que você faz parte de algo maior.

Faça disso um hábito diário, ao longo do tempo, observe como sua percepção do sagrado na vida cotidiana se aprofunda. Fortaleça o alinhamento com o universo, reconhecendo o divino nas pequenas experiências.

Imagine e desenhe seu futuro alinhado com a frequência da devoção, em que cada ato, pensamento e decisão que você toma está em sintonia com um propósito divino. Visualize-se vivendo em paz, com confiança e em uma conexão profunda com o universo, sendo guiado por uma força sutil e elevada que lhe traz clareza e inspiração diariamente.

Escaneie o QR code abaixo e dê prosseguimento a essa jornada. Escute a Meditação 33, pensada para expandir o tema abordado neste capítulo.

CONCLUSÃO:
Fortalecendo a Musculatura da Alma

Ao longo desta jornada, exploramos os 33 passos para construir uma musculatura espiritual robusta, capaz de iluminar seu interior e mantê-lo alinhado com o coração. Desde o desapego da busca incessante por resultados (Primeiro Passo) até a devoção (Trigésimo Terceiro Passo), cada reflexão e exercício prático visou fortalecer sua conexão com a essência e o propósito verdadeiro.

Espero que esta obra tenha sido uma chama acesa na escuridão da incerteza, iluminando o caminho da introspecção e do autoconhecimento. Como mencionado na dedicatória, "Nunca é sobre mim, é sobre todos nós". Que cada página inspire a explorar o desconhecido dentro de si e a cultivar uma vida rica em significado e plenitude.

MANDALAS PARA COLORIR

AGRADECIMENTOS

Encerrar o ciclo que foi este livro é, para mim, motivo de profunda gratidão.

Agradeço, antes de tudo, a Deus, fonte de amor, luz e inspiração. É Ele quem guia meus passos e torna possível cada realização.

À minha família, meu alicerce. Ao meu marido, aos meus filhos e netos, dedico o meu amor incondicional. Obrigada por todo o apoio, toda a paciência e todo o carinho ao longo dessa jornada. Vocês são minha base e minha maior motivação. Aos amigos que compartilham comigo alegrias, reflexões e sonhos, meu sincero agradecimento por caminharem ao meu lado.

Quero reconhecer, em especial, três pessoas que contribuíram de forma única para esta obra e que, com suas próprias histórias de autotransformação, inspiram a todos com coragem, generosidade e verdade:

Ludmila Dayer, que, ao abrir seu coração no documentário *Eu*, tocou e inspirou tantas vidas a seguirem o caminho do autoconhecimento.

Fernanda Souza, que transformou sua busca pessoal de cura na plataforma Se Eleve, expandindo possibilidades e conectando milhares de pessoas à própria jornada.

Larissa Machado, cuja voz deu alma aos mantras deste livro, transmitindo serenidade e esperança e despertando o sagrado em cada um de nós.

Vocês provam que a verdadeira transformação começa no interior, mas nunca termina ali. Ela se expande, floresce e toca o mundo ao redor.

Deixo este livro como uma semente. Que ela encontre solo fértil em sua alma e, a cada leitura, lembre você de que é capaz de transformar feridas em força, quedas em aprendizado e silêncios em um novo canto de esperança.

Com gratidão e amor,

Max

Este livro foi composto na tipografia Latienne Pro, em corpo 10,5/15,4, e impresso em papel off-white no Sistema Cameron da Divisao Grafica da Distribuidora Record.